JORNALISMO E PUBLICIDADE NO RÁDIO

como fazer

Consulte nosso catálogo completo e últimos lançamentos em **www.editoracontexto.com.br**.

JORNALISMO E PUBLICIDADE NO RÁDIO

como fazer

Roseann Kennedy
Amadeu Nogueira de Paula

editora**contexto**

Montagem de capa e diagramação
Gustavo S. Vilas Boas

Preparação de textos
Daniela Marini Iwamoto

Revisão
Fernanda Guerriero Antunes

Dados Internacionais de Catalogação na Publicação (CIP)
(Câmara Brasileira do Livro, SP, Brasil)

Paula, Amadeu Nogueira de
Jornalismo e publicidade no rádio : como fazer / Amadeu Nogueira de
Paula e Roseann Kennedy. – São Paulo : Contexto, 2013.

Bibliografia.
ISBN 978-85-7244-791-1

1. Jornalismo – Brasil 2. Publicidade 3. Rádio – Brasil 4. Rádio
digital I. Kennedy, Roseann. II. Título.

13-01957   CDD-070.194
Índices para catálogo sistemático:
1. Jornalismo e publicidade no rádio   070.194 .
2. Radiojornalismo   070.194

2013

EDITORA CONTEXTO
Diretor editorial: *Jaime Pinsky*

Rua Dr. José Elias, 520 – Alto da Lapa
05083-030 – São Paulo – SP
PABX: (11) 3832 5838
contexto@editoracontexto.com.br
www.editoracontexto.com.br

Sumário

Por que falar de rádio agora?

O café da manhã ainda não está pronto, a rua está silenciosa, e no canto da cozinha uma voz avisa a hora certa. Às vezes em tom formal, em meio ao relato das primeiras notícias do dia; noutras de forma espalhafatosa, com música regional ao fundo, lembrando que está na hora de acordar.

Pouco depois, no trajeto para o trabalho, a voz informa o melhor caminho, as alternativas para evitar as ruas onde há acidentes de trânsito e dá detalhes da previsão do tempo. É o rádio que está em sua companhia, desenvolvendo sua principal função, que é ser um prestador de serviço.

Se você quer somente ouvir música, pode até escolher o estilo. Há opções para todos os gostos. Da popular à erudita. Só que, de repente, entra um comercial, porque você foi selecionado para receber essa mensagem. Tudo foi planejado com antecedência, pensando no seu perfil de consumidor, no seu estilo de vida.

Mas você não tem vontade de ouvir a mensagem da emissora nesse dia, aí muda de sintonia ou troca de aparelho. Em vez da programação da rádio, vai ouvir a seleção gravada no mp3, colocar um CD ou mesmo suas canções prediletas que estão salvas no celular. E, cada vez mais, o rádio vai se deparando com novos concorrentes e desafios.

Não é primeira vez que sua existência parece ameaçada. No começo, o rádio era soberano com sua comunicação mais tecnológica e ágil que os jornais. Depois, com a chegada da televisão, deixou de ser o centro das atenções. Foi então que muitos apostaram: é o fim!

No entanto, o rádio continuou, descobriu novas ondas. A FM conquistou outros públicos e seguiu crescendo. No Brasil, está em quase todas as moradias. São 53,640 milhões de domicílios com aparelhos de rádio. Um número significativo, chegando à casa de 92% da população por meio de 4.089 emissoras autorizadas para cobrir todo o território nacional – 2.367 de Frequência Modulada e 1.722 de Ondas Médias.[1]

Desde os anos 2000, o veículo passa por mais um momento de renovação, só que, desta vez, a concorrência é muito maior. É multimídia! E o rádio precisa aprender a ser também.

Os profissionais de comunicação têm de entender como usar essa linguagem. Precisam adequar o conteúdo das rádios às novas necessidades e descobrir formas de atrair e consolidar audiência, encontrar a maneira certa para continuar a ter uma programação interessante e rentável.

Para chegar a essa fórmula, Jornalismo e Publicidade precisam conversar muito – tarefa que não é fácil, principalmente por serem setores da comunicação que muitas vezes se enxergam com preconceito ou que se atropelam em questões éticas.

Foi justamente para abrir esse diálogo que decidimos escrever este livro. Uma jornalista e um publicitário, juntos, apresentando, nos exemplos do dia a dia, como as duas áreas podem se ajudar. Um livro, portanto, voltado a estudantes de Comunicação e profissionais que já atuam no mercado radiofônico. Pessoas que têm de conhecer o funcionamento do rádio como um todo e precisam colaborar entre si, mas reconhecendo seus espaços, sem interferir na função do outro.

Tanto em uma redação como em uma agência, jornalistas e publicitários precisam saber escrever para o rádio e identificar qual é o perfil do seu público, para apresentar a programação e a propaganda adequadas. Afinal, qual seria o alcance, por exemplo, de um anúncio de sabão em pó no rádio no horário da transmissão do futebol, na quarta-feira à noite? Ou da leitura das notícias sobre os índices da bolsa de valores durante um programa para adolescentes?

Então, para saber como conseguir os melhores resultados do seu produto jornalístico ou publicitário no rádio, convidamos você a esta leitura. Uma abordagem que vai além das ondas do *dial*, acompanhando a expansão do veículo pela internet, com mix de som, texto e imagem: o rádio multimídia.

NOTA

[1] *Anuário de Mídia*, 2012, p. 429.

Um novo meio com a linguagem
e a inovação do som: o rádio

O rádio chegou ao Brasil na década de 1920. No primeiro centenário da Independência, em 7 de setembro de 1922, foram realizadas muitas festas no Rio de Janeiro e também foi organizada uma exposição com estandes de vários países. A empresa norte-americana Westinghouse Electric participou do evento, apresentando com os seus equipamentos a oportunidade de se montar uma emissora de rádio.

Além disso, foram colocados oitenta aparelhos receptores, nas principais praças públicas do Rio de Janeiro, para transmitir o discurso do presidente Epitácio Pessoa. O áudio chegou a Petrópolis, Niterói e até São Paulo. Embora o som fosse um pouco distorcido, o público ficou fascinado com a demonstração do novo meio que falava e tocava música.

A estação criada para o evento ficava no Corcovado, e depois da exposição começou a ser desmontada. Ao saber disso, o médico e professor Edgar Roquette Pinto exigiu que o governo passasse a fazer do rádio o difusor da cultura, da educação, do lazer, enfim, do desenvolvimento do povo, já que, independentemente do grau de instrução das pessoas, o meio facilitava a divulgação de informações.

No ano seguinte, em 20 de setembro de 1923, o próprio Roquette Pinto inaugurou a Rádio Sociedade do Rio de Janeiro, primeira emissora a estabelecer uma programação constante. A Rádio Clube de Pernambuco também já entrava no ar, mas esporadicamente.

Em junho de 1924, surgiu a primeira concorrente da emissora de Roquette Pinto, no Rio de Janeiro, a Rádio Clube do Brasil, que transmitia às segundas, quartas e sextas-feiras, enquanto a Rádio Sociedade levava ao ar seus programas às terças, quintas e sábados. No domingo, as rádios ficavam fora do ar.

Mas não foi fácil para o rádio se tornar popular. O preço dos equipamentos era caro, tanto para o ouvinte quanto para quem queria montar uma emissora. Também não havia gente com experiência em montar programação.

Propaganda e notícia num só tom

Quando o rádio chegou ao Brasil, jornalismo e publicidade usavam nesse veículo basicamente uma só linguagem. No mesmo tom em que era dada uma notícia, o locutor apresentava os anúncios.

Assim, a propaganda nem era considerada "propaganda", porque eram feitos apenas agradecimentos às firmas e às pessoas físicas que tinham contribuído financeiramente para a manutenção da emissora. Noutras vezes, havia a leitura dos classificados publicados nos jornais, sem adaptação do texto à nova mídia. O mesmo acontecia com as notícias dos jornais. Elas não eram reescritas para serem lidas no rádio.

O pouco que se fazia para dar àquela mensagem a ideia de um formato radiofônico era impostar a voz. Os locutores, com timbres graves e pronúncias carregadas de letra "r" ressonante, chamavam a atenção do ouvinte.

À época, as pessoas sentavam-se sozinhas ou com a família toda para acompanhar a programação da rádio. Nas emissoras, trabalhavam como redatores intelectuais do gabarito de Guilherme de Almeida e Menotti del Picchia – este, um dos expoentes da Semana de 22.

No entanto, o rádio continuava sem dar dinheiro. Quem trabalhava nesse veículo fazia-o por ideal. É por isso que dizem no meio que foi assim que surgiu o termo radialista: rádio + idealista.

Ganhando força

Foi nos anos 1930 que o rádio ganhou força. O governo criou uma comissão técnica ligada ao Ministério da Educação para avaliar o valor do meio. Em 1931, através do Decreto n. 20.047, reservou para o Estado o direito de conceder canais para particulares, com possibilidade de renovação. Depois, pelo decreto n. 21.111, autorizou e regulamentou a propaganda em rádio.

O primeiro sinal de propaganda no rádio surgiu logo no início da década, mas é claro que não era conhecido dessa forma. Eram textos de mulheres que se ofereciam para trabalhar nas casas de família, como amas-secas e cozinheiras, ou anunciando que aceitavam encomendas de doces para festas e casamentos.

Foi nesse período, também, que as emissoras começaram a se preocupar com a programação e com a redação dos textos. Um exemplo foi a Rádio Record de São Paulo, comandada por Paulo Machado de Carvalho, que criou a apresentação de "quarto de hora". A cada 15 minutos, a transmissão mudava de gênero, intercalando música, informação e humor. A novidade passou a servir de modelo para as demais emissoras.

No Rio de Janeiro, com o objetivo de vender aparelhos e difundir sua marca, a Philips criou uma rádio com o próprio nome. Ademar Casé, um dos vendedores mais experiente da empresa, comprou dois horários e passou a ter, a partir de 14 de fevereiro de 1932, o *Programa do Casé*.

Na época, eram comuns intervalos sem som. A emissora ficava silenciosa, como se houvesse saído do ar, enquanto se preparava a produção ou a mudança de programa. Casé foi o primeiro a introduzir a programação totalmente sonorizada no Brasil, a exemplo da BBC de Londres, da qual era ouvinte.

Foi num dos quadros do *Programa do Casé* que surgiu a primeira manifestação comercial, citando o anunciante: uma loja popular de utilidades domésticas. Os versos, produzidos por Noel Rosa e Marília Batista, foram feitos em cima do samba "De babado":

No dia em que fores minha
Juro por Deus, coração
Te darei uma cozinha
Que eu vi ali no Dragão

Também foi no *Programa do Casé* que surgiu o primeiro *jingle* brasileiro. Um fado cantado com forte sotaque português, composto para a Padaria Bragança, fez tanto sucesso que o dono fechou o primeiro contrato da publicidade brasileira:

Oh! Padeiro desta rua
Tenha sempre na lembrança
Não me traga outro pão
Que não seja o pão Bragança
Pão inimigo da fome
Fome, inimiga do pão
Enquanto os dois não se matam
A gente fica na mão

Oh! Padeiro desta rua
Tenha sempre na lembrança
Não me traga outro pão
Que não seja o pão Bragança
De noite quando me deito
Eu faço minha oração
Peço com todo respeito
Que não me falte pão

O programa crescia a cada dia, conquistando grande audiência e anunciantes. Passou, então, a ter um elenco espetacular com Noel Rosa, Carmen Miranda, Haroldo Barbosa, entre outros. Fazia parte da equipe, ainda, alguém que reunia qualidades importantes para a sobrevivência do programa: Henrique Foréis Domingues, o Almirante, um profissional que era locutor, produtor, humorista e ainda o responsável pela administração.

As vozes do rádio

Almirante teve passagens por outras emissoras e criou uma série de atrações, como o *Campeonato Brasileiro de Calouros* e *O Incrível, Fantástico, Extraordinário*, que contava histórias sobrenaturais.

Outro nome importante na Rádio Philips foi Renato Murce. Ele criou diversos programas, a exemplo de *Horas do Outro Mundo*, transmitido três vezes por semana, das nove às dez da noite.

Merece destaque, também, entre as vozes do rádio, o pioneiro na narração de uma partida de futebol inteira, Nicolau Tuma, em 1931. Até então, eram apresentados na emissora apenas boletins informando os principais lances. Nicolau explicou no ar, para melhor entendimento dos ouvintes, as regras do jogo, e detalhou o que se passava em campo sem parar de falar. Foi por isso que ele recebeu o apelido de "locutor metralha" ou "*speaker* metralhadora".

O rádio abriu espaço, ainda, para a dramaturgia, atraindo o público feminino. Passou a ser o amigo diário da dona de casa, nas suas tardes, quando as tarefas do lar tornavam-se mais leves.

Cesar Ladeira foi responsável pelo setor artístico da Rádio Mayrink Veiga, foi ele quem montou o *cast* da emissora. Uma das primeiras apresentações teatrais da Mayrink foi *O conde de Monte Cristo*. Depois, o gênero espalhou-se por todas as emissoras. *Em busca da felicidade* é considerada a primeira radionovela a ir ao ar em capítulos.

Os artistas possuíam vozes características. O timbre definia a personagem, dava dica da sua personalidade, se era uma pessoa sofredora, meiga ou má, por exemplo. O galã ganhava a voz segura, confiante, a vilã uma voz mais rouca, sensual. Foram muitos os galãs e mocinhas do rádio brasileiro.

As cantoras do rádio fizeram muito sucesso, embalaram os ouvintes e ajudaram a difundir a música, da erudita à popular.

A solista Anita Gonçalves foi a primeira, ficando conhecida como "A Voz de Veludo". Elisinha Coelho era "O Pássaro-Cantor" e Carmen Miranda despontou como a primeira grande representante da música popular brasileira.

Em 1947, Emilinha Borba foi eleita pelos marinheiros a "Favorita da Marinha". No mesmo ano, Linda Batista conquistou o título de a "Rainha do Rádio", em votação dos diretores das emissoras cariocas. Ela é oficialmente a primeira rainha do rádio. Em 1951, Dalva de Oliveira alcançou o mesmo *status* num concurso da Rádio Nacional do Rio de Janeiro, com 311 mil votos.

Os cantores masculinos também ganharam títulos nobres. Vicente Celestino era "A Voz Orgulho do Brasil". Francisco Alves era considerado "O Príncipe dos Cantores Brasileiros". Orlando Silva, o "Cantor das Multidões", e Sylvio Caldas, "O Seresteiro".

A TV no meio do caminho

O rádio foi a mídia dos anos 1930 por excelência e chegou ao apogeu nos anos 1940, sua "Época de Ouro". Nesse tempo, os ouvintes passaram a ter suas emissoras, locutores e programas preferidos.

Surgiu, então, a segmentação do público do rádio, o que foi de grande utilidade para as agências publicitárias já existentes na época: J. Walter Thompson e McCann Erickson. A partir daí, foi possível identificar textos escritos de forma diferente para jornalismo e publicidade.

Os reclames ganharam sonorização e efeitos para atrair mais a atenção do ouvinte e estimular o consumo daquele produto. Além disso, alguns anunciantes começaram a patrocinar com exclusividade programas de grande audiência.

Não existia, porém, medição do número de ouvintes, mas era possível avaliar a popularidade de um programa e até mesmo de um locutor ou artista pelas cartas recebidas nas emissoras.

A Rádio Nacional AM do Rio de Janeiro, que por muitos anos foi a emissora mais ouvida do Brasil, fez essa constatação, por exemplo, na estreia da primeira radionovela brasileira, em 5 de junho de 1941, com o locutor anunciando:

> *Senhoras e senhores, o famoso Creme Dental Colgate apresenta o primeiro capítulo da empolgante novela de Leandro Blanco, com adaptação de Gilberto Martins,* Em busca da felicidade.

A emissora recebeu, na ocasião, sem nenhum concurso ou promoção, 48 mil cartas de ouvintes.

Participar de uma novela, na produção, direção ou roteiro, passou a ser o sonho de muitos profissionais da época. As próprias emissoras mantinham elenco de artistas contratados não só para a dramaturgia, mas para musicais e programas humorísticos.

As grandes marcas da época, entre elas Coca-Cola, Gessy Lever, Kolynos, Sidney Ross e Goodyear, começaram a patrocinar ou criar os próprios programas.

A agência McCann Erikson, por exemplo, formatou o programa *Um Milhão de Melodias* para o refrigerante Coca-Cola, que tinha o *slogan* "A pausa que refresca". A Standard Propaganda montou um estúdio completo de produção e gravação de novelas para seu cliente Colgate-Palmolive.

Quanto maior era a empresa anunciante, mais respeito a emissora e a atração conquistavam. Um exemplo disso foi o *Repórter Esso*, um dos principais noticiários do rádio brasileiro. O informativo, criado em 1941, tinha o nome da marca patrocinadora, a Standard Oil Company of Brazil, conhecida como Esso do Brasil.

O radiojornal foi criado para informar sobre a Segunda Guerra Mundial. Ele trazia notícias da United Press Internacional e, portanto, carregava a influência americana nas informações.

Terminada a guerra, o programa continuou porque tinha grande audiência, e o nome "Esso" associado a notícias tornou-se familiar para os brasileiros.

O radiojornal ganhou a fama de ser "o primeiro a dar as últimas, testemunha ocular da história", e tamanho era o respeito da população a esse informativo que havia se tornado muito comum as pessoas só acreditarem em uma notícia depois de ouvi-la no *Repórter Esso*.

Foi o que ocorreu, por exemplo, com o fim da Segunda Guerra Mundial, em 1945. A notícia foi divulgada primeiro pela Rádio Tupi do Rio de Janeiro PRG-3, mas as pessoas comentavam: "Se o *Repórter Esso* ainda não deu, não deve ser verdade. Vamos aguardar".

E o *Repórter Esso* não foi o primeiro a noticiar por uma grande ironia.

Heron Domingues estava tão obcecado em ser o primeiro a transmitir aquela notícia, que passou a residir nas dependências da Rádio Nacional PRE-8. Para isso, montou no interior do estúdio, uma barraca de campanha, acampando na emissora, no aguardo do telegrama que chegaria a qualquer momento, por uma das agências noticiosas com quem a Esso Stardard Oil e a própria emissora mantinham convênio operacional. Fez mais, gravou a notícia em fita magnética (para qualquer eventualidade) e andava com o *tape* debaixo do braço pelas dependências do setor de reportagens, mantendo-se em permanente estado de alerta.

Após quase duas semanas, nada sobre o armistício, inquietando o célebre repórter, que não arredava os pés da emissora, firme no seu propósito de ser o primeiro a dar as últimas... Os dias iam se passando, até que Paulo Tapajós, assistente do departamento artístico e seu companheiro de trabalho, conseguiu convencer Heron a ir até sua casa repousar um pouco, já que as perspectivas eram de calmaria e, se fosse necessário, havia o recurso da gravação. Meio a contragosto, Heron aceitou a sugestão e no dia 8 de maio daquele ano, exatamente quando o mais acreditado repórter radiofônico do país se encontrava fora do seu posto, em sua residência, eis que chega pelo tilintar dos teletipos a notícia: terminou a guerra, terminou a guerra...

O reboliço foi tão grande que a equipe de apoio, os redatores, os técnicos levaram algum tempo para localizar a gravação que o Heron deixara pronta, tempo suficiente para que Décio Luiz, da Rádio Tupi do Rio de Janeiro PRG-3, que com seu noticioso *Quando o Galo Canta, o Cacique Informa*, fosse o repórter que teve a primazia de transmitir a mais importante notícia deste século, o fim de Adolph Hitler e seus asseclas.[1]

Durante quase trinta anos, o rádio reinou soberano no Brasil como mídia de grande alcance, criador de programas e de estrelas e ajudando a consolidar marcas.

Cantores, comediantes, bandas regionais e até orquestras atraíam público para os radioteatros e garantiam audiência no *dial*. O público e os artistas disputavam o horário nobre das rádios, de 20h às 22h durante a semana e entre 12h e 22h aos domingos.

Em 1942, para medir a audiência de rádio, foi criado o Ibope. O primeiro instituto brasileiro de medição da audiência nasceu com o apoio dos anunciantes, entre eles a Colgate-Palmolive e a Coca-Cola, que conheciam o sistema no mercado americano, e por iniciativa da Rádio Kosmos de São Paulo, ansiosa por saber que posição ocupava na preferência dos ouvintes.

O sonho ia acabar?

Tudo parecia perfeito e inabalável quando, em 1950, outra caixa de madeira chegou para revolucionar a comunicação. E, além do som, ela carregava outra arma muito poderosa para atrair o público: a imagem. A TV passou a ocupar espaço na sala dos brasileiros e mudou o curso da expansão radiofônica. O Brasil foi o quarto país no mundo a ver televisão.

Para colocar a TV Tupi PRF3 no ar, Assis Chateaubriand fechou contratos com empresas e financiou os retransmissores. Foram quatro cotas com a Antarctica, o Grupo Pignatari, a SulAmérica e o Moinho Santista. Esses patrocinadores tinham um número indeterminado de inserções, em horários indefinidos, por tempo também não estipulado, porque não se sabia o que faria sucesso na telinha.

No início a produção era amadora e copiava muito do que se fazia no rádio. Os profissionais brasileiros não tinham experiência de produção de imagens porque, ao contrário do mercado americano, não havia aqui tradição de produção cinematográfica.

Os anúncios da época eram feitos ao vivo, em *slides*, com cartazes pintados à mão e com as famosas garotas-propaganda, muitas vindas do rádio. Elas sabiam falar ao microfone, mas não possuíam qualquer intimidade com as câmeras. Mesmo assim, algumas se destacaram, como Neuza Amaral, escolhida a Miss Propaganda em 1957, não pela beleza, mas pela capacidade de improvisar textos para a televisão.

Os redatores das agências de propaganda acompanhavam nas emissoras os ensaios e as cenas dos comerciais ao vivo. Os grandes departamentos de rádio das agências de propaganda logo se transformaram em departamentos de rádio e televisão.

O número de agências de propaganda subiu de 101 para 180, multiplicando os investimentos publicitários, que passaram a ser redistribuídos para o novo meio. Os custos de produção ficaram mais elevados.

Nessa época, os profissionais de mídia das agências eram simples negociadores de descontos, porque não dispunham de instrumentos técnicos para avaliar o alcance da TV. As negociações eram verdadeiras discussões, nas quais cada um procurava aumentar ou reduzir os valores dos comerciais, inclusive blefando informações.

As marcas, os artistas, os programas e até o principal radiojornal brasileiro, o *Repórter Esso*, foram para a televisão. Atrações como *Teatro Walita*, *Mappin Movietone* (jornalismo), *Sabatinas Maisena* e *Patrulheiros Toddy* seguiram a mesma tendência e tiveram muito sucesso. Com essa avalanche de novidades, o rádio entrou em crise.

A primeira reinvenção do rádio no Brasil

> O homem é um animal que adora tanto as novidades que se o rádio fosse inventado depois da televisão haveria uma correria a esse maravilhoso aparelho completamente sem imagem.[2]

Mas a televisão é que foi a novidade, e coube ao rádio o caminho da inovação. O rádio descobriu que poderia ter agilidade, e as emissoras começaram a criar repórteres que falavam diretamente do local dos acontecimentos. Já a TV tinha dificuldade para adotar esse modelo, porque dependia de muito mais equipamentos de transmissão.

O rádio passou a ser mais eclético, acompanhando a segmentação de público e irradiando programas de acordo com os hábitos e graus de interesse dos ouvintes, tudo detectado por meio de pesquisas.

Surgiram as rádios FM, que trataremos detalhadamente no capítulo "Emissoras AM e FM em ondas distintas". A programação musical começou a ser segmentada, focando em públicos distintos, de acordo com sexo, idade, faixa etária ou classe social.

A Rádio Guaíba, em Porto Alegre, foi a primeira exclusivamente dedicada ao público de classe social AB, definida pelo IBGE – Instituto Brasileiro de Geografia e Estatística –, como a camada da população de mais alto poder aquisitivo.

A FM Rádio Imprensa, no Rio de Janeiro, apostou na música ambiente. Oferecia conteúdo musical clássico e vendia a programação com sinal em supermercados, lojas e escritórios.

O "radinho de pilha" – Em 1958, o lançamento do rádio a pilha transformou o veículo em um meio portátil e com característica de alcance individual de ouvintes. O rádio se tornou mais íntimo do consumidor, acompanhando-o aonde quer que ele fosse.

NOTAS

[1] Tavares, 1997, p. 151.
[2] Millôr Fernandes, *Veja*, 18 abr. 2012.

Emissoras AM e FM em ondas distintas

O rádio teve a sua primeira grande onda com a frequência AM (Amplitude Modulada). Iniciou seus trabalhos no Brasil nos anos 1920, passou pela Segunda Grande Guerra, cobriu eventos históricos como o nazismo e o Estado Novo. Os fatos deram muita importância para o meio e fizeram com que ele fosse o primeiro grande veículo de massa brasileiro.

Com a chegada da televisão, novos caminhos foram trilhados com alterações de estilo e linguagem. Surgiu, então, a segunda onda do rádio: as transmissões em FM (Frequência Modulada).

O *Anuário de Mídia 2012* registra a existência de 1.722 emissoras de AM e 2.367 em FM, totalizando 4.089 estações de rádio, distribuídas em todo o território brasileiro.[1]

Rádio AM

No começo da experiência radiofônica no Brasil, as grandes emissoras tiveram sucesso com a Amplitude Modulada. O sinal de ondas AM, com ampla cobertura de regiões geográficas, caracterizou o rádio de forma significativa, consolidou-se com a marca de uma programação eclética e regionalizada e ocupou papel de destaque na vida de milhões de brasileiros.

A programação segue mais ou menos a mesma fórmula: muita prestação de serviço de manhã, esporte e cultura à tarde e música à noite. A prestação de serviço, principal função do rádio, diferencia-se do noticiário geral, pois orienta diretamente o ouvinte. Dá dicas de trânsito, informa a previsão do tempo, diz se vai faltar luz ou água e traz qualquer outro tipo de informação que possa ajudar a população no dia a dia.

As AM formam um verdadeiro mosaico. A programação é variada, oferece ao ouvinte do resumo das novelas ao resultado do futebol; da informação de algum acontecimento no bairro ao atentado no Oriente Médio. O comunicador imprime sua personalidade em seus horários e dá muita atenção aos ouvintes, com espaço para a leitura de cartas, e-mails e respostas às perguntas enviadas à emissora.

O som não tem a qualidade alcançada em outras mídias. As ondas médias da AM tecnicamente sofrem mais interferência de fontes eletromagnéticas, de aparelhos domésticos ligados, ruídos externos ou de relevo geográfico. Mas a penetração dessa frequência é grande. Algumas emissoras têm sinal captado em cidades e estados diferentes.

O jornalismo nessas emissoras possui espaço regular na programação e vai além da mera divulgação das notícias, incluindo também comentaristas e debatedores. As AM são a principal fonte de informação em várias comunidades. São também o principal canal de publicidade das empresas locais, por dois motivos: o preço para anunciar é baixo e o comercial é ouvido nos bairros, segmento a ser atingido.

O departamento de jornalismo das grandes emissoras AM costuma ser dividido em cobertura geral – nacional e cidades –, policial e esportiva, além de uma equipe que cuida da produção cultural. Apesar de tudo isso, essas emissoras vêm perdendo espaço.

Entre os que ouvem rádio no Brasil, verifica-se que apenas 30,7% optam por essa frequência. E a maior parte desse público (44,1%) é composta por pessoas com 50 anos ou mais.[2]

Nos grandes centros, a situação da AM é ainda mais difícil. Acompanhando os estudos do Ibope em capitais como São Paulo e Rio de Janeiro, ao longo dos anos 2000, verifica-se que as líderes em audiência entre as rádios AM alcançam índices pequenos, inferiores a dois pontos do total de aparelhos existentes.

Rádio FM

A rádio de Frequência Modulada surgiu nos anos 1970 com melhor qualidade de som, mas com restrição de áreas de cobertura do sinal. Mas, se por um lado o sinal ficou mais regional, por outro o estilo da programação tornou a frequência mais distante da comunidade.

A FM passou a oferecer conteúdo generalizado, voltado para a cultura de classe média e de base internacional. A locução se tornou mais homogênea, sem personalidade própria do apresentador.

As FM surgiram como rádios de lazer, basicamente musicais, sem se preocupar em explorar conteúdo informativo ou opinativo e com pouca prestação de serviço.

O jornalismo, por exemplo, é mero apêndice da programação da maioria delas. Há, porém, exceções e é crescente a presença de emissoras FM com conteúdo informativo 24 horas por dia, como as rádios CBN, Band News, Estadão ESPN e SulAmérica Trânsito, mas isso ainda representa muito pouco num universo de milhares de emissoras em todo o país.

AM e FM misturando as ondas

Se o rádio precisou se reinventar por causa da chegada da TV em 1950 e apostou nas FM para enfrentar a queda de audiência, as

27

próprias FM tiveram que encarar o desafio de se renovar nos anos 2000. Um novo cenário de mídias e formas de entretenimento representou mais um duro golpe para o rádio.

As emissoras se viram diante da crescente popularidade da TV, do avanço de cobertura de sinal aberto ou pago, e das oportunidades de gravação de músicas para o lazer em formatos bem mais fáceis de transportar e ouvir. A fita K7 e o CD, que ocupavam bastante espaço na bolsa e no carro, de repente ficaram no passado. O ouvinte passou a compactar milhares de músicas e informação em pequenos equipamentos de mp3, mp4, *pen-drives*, celulares e iPods.

Com mais uma revolução nas comunicações – dessa vez do mundo virtual –, as rádios FM perderam audiência e as AM também tiveram seu estilo invadido. Para se aproximar dos ouvintes, as FM criaram programas buscando a interação com o público e ficaram com programação semelhante às AM.

Na cidade de São Paulo, por exemplo, principalmente de manhã, algumas estações transmitem a mesma programação em AM e FM.

Na batalha da reinvenção do rádio, as emissoras também ficaram cada vez mais segmentadas e começaram a apostar na internet para fazer divulgação de suas equipes, cenários e conteúdo, expandindo a audiência para blogs e sites. Veremos mais sobre esse avanço no capítulo "O rádio na internet".

Os maiores anunciantes de AM e FM são do comércio varejista local, o que fica explicado pela principal característica do meio: a programação destinada à comunidade em que a emissora está localizada.

NOTAS

[1] *Anuário de Mídia*, 2012, p. 429.
[2] Meta, 2010, p. 26.

Grade de programação: jornalistas e publicitários precisam conhecer

A programação é a personalidade da rádio. Do mesmo modo como lembramos se determinada pessoa é calma, agitada, bem-humorada ou estressada, podemos identificar as características de uma emissora a partir de sua programação. Então, escolhemos a sintonia de acordo com o que mais combina com o nosso gosto e interesse ou, pelo menos, com a necessidade que temos naquele momento em que ligamos o rádio.

É importante para jornalistas e publicitários entenderem o que é uma grade de programação. Para selecionar a rádio adequada, o profissional de criação e de mídia analisará se o perfil da emissora é o ideal para o público consumidor que ele pretende atingir com seu anúncio. Da mesma forma, para decidir que notícias irão ao ar, o jornalista também precisa conhecer o perfil da emissora em que trabalha.

Faça um teste.

Caso A: Entre cinco e sete horas da manhã, uma rádio está focada nas notícias policiais. Em seguida, entre uma música sertaneja e outra, o locutor lê as principais notícias da cidade. No restante da manhã, a programação é voltada para entretenimento e informação – como entrevistas sobre saúde, leitura do horóscopo, resumo das novelas. Ao meio-dia, entra no ar a resenha esportiva. À tarde, mais música e entrevistas sobre temas variados. Às 18h é a vez de um programa de forró. Às oito da noite, jornada esportiva. Depois, a noite termina com baladas românticas e temas de novelas, destacando a tradução da música internacional do dia.

Caso B: No início da manhã, uma rádio toca músicas praticamente sem intervalo comercial. No horário de pico, dá algumas dicas de trânsito. Por volta das nove, leva ao ar os maiores sucessos do momento. No horário do almoço, apresenta um programa de humor. À tarde, novamente música, só que agora acompanhada de informações sobre shows, eventos alternativos na cidade e o que está fazendo sucesso na internet. No final da tarde, há um programa interativo com o ouvinte, no qual ele pede a música e responde a perguntas de variedades. À noite, o espaço é novamente dedicado às músicas mais pedidas. A exemplo da manhã, quase não há comercial.

Qual é a "personalidade" de cada uma dessas rádios?

Resposta A: uma rádio adulta, simples, popular, feminina e masculina, dependendo do horário. Portanto, assim é seu público. A pessoa que ouve essa rádio é homem ou mulher, de classe econômica social C, D e E.

Resposta B: uma rádio jovem, atual, dinâmica. Portanto, seu público é composto por pessoas entre 14 e 25 anos, de ambos os sexos e de todas as classes sociais.

Você, jornalista, tem de conhecer o perfil de quem ouve a rádio para escrever as notícias e escolher as entrevistas que vão interessar a esse público. Você, publicitário, deve escolher a emissora para anunciar produtos que despertarão no ouvinte o desejo de consumo. E conhecendo a grade de programação saberá, inclusive, em qual horário o resultado será melhor.

Imagine se você atingiria o objetivo de promover o produto se anunciasse a inauguração de uma importadora de carros de luxo na emissora destacada no caso A, que tem público de baixo poder aquisitivo. Claro que não!

E se você escolhesse aquela emissora para colocar um comercial de xampu e condicionador que deixam os cabelos parecendo com os de quem acabou de sair do salão de beleza, mas gastando muito menos? Se o horário selecionado fosse o de público feminino (meio da manhã ou da tarde), daria muito certo.

Agora, duas perguntas ainda mais simples, que já apresentamos na introdução deste livro: e se você anunciasse sabão em pó no rádio, em uma quarta-feira à noite, durante a transmissão do futebol? Ou se lesse notícias sobre bolsa de valores durante um programa para adolescentes? Qual seria o alcance? Nenhum.

É preciso haver sintonia entre programação e público-alvo.

Ajustando a programação

A programação de uma rádio deve ser atraente para garantir a fidelidade do público e conquistar novos ouvintes. Para isso, é preciso selecionar música, locução, notícia, prestação de serviço e outros formatos radiofônicos pensados para um público definido.

O produtor executivo da emissora, diretor ou gerente de programação (cada empresa escolhe um nome para o cargo) faz um esforço constante para verificar se o conteúdo produzido está interessando ao público. Portanto, esse profissional tem de estar simultaneamente informado sobre a audiência de toda a faixa horária e de cada programa individualmente.

Diante desses resultados e da venda de comerciais, caberá a ele avaliar se o objetivo da rádio está sendo atingido, qual é o diferencial da emissora em relação à concorrência e se há necessidade de mudanças na grade. As alterações podem ser feitas no formato dos programas ou mesmo trocando os profissionais da emissora.

É preciso observar, no entanto, que somente a grande audiência não garante anunciantes. Um público muito abrangente dificulta a definição de seu perfil. Já a segmentação dos ouvintes facilita a análise e a montagem da programação pela emissora, o trabalho de pesquisa de campo, a divulgação e a produção de conteúdo.

Pesquisas psicográficas, que analisam o consumidor de forma mais abrangente, ajudam a traçar o perfil do ouvinte. Esses estudos apontam o estilo de vida, a personalidade, os valores, as afinidades pelas quais a pessoa pode ser levada a um envolvimento com produtos, marcas ou serviços.

As avaliações psicográficas estão presentes nos Estudos Sizen do Instituto Marplan e TGI do Ibope, abrangem as nove principais cidades do país e são editadas regularmente com disponibilidade para o mercado de veículos de comunicação, anunciantes e agências de publicidade.

Tipos de programação

As rádios estão cada vez mais segmentadas e com alguns estilos consolidados.

- ***All news*** – somente com notícias.
- **Eclética** – toca todos os ritmos. Leva ao ar notícias, entretenimento e prestação de serviços.
- **Musical e de lazer** – voltada para os sucessos musicais e programação cultural.
- **Religiosa** – para segmentos religiosos específicos, como católicos e evangélicos.
- **Educativa/cultural** – abre espaço para cultura mais ampla e alternativa, não se restringe ao *show business* e à cultura de massa.
- **Jovem** – dinâmica, com músicas e programas de entretenimento para o público jovem.
- **Adulto-contemporânea** – com músicas nacionais e/ou internacionais e notícias voltadas ao público com mais de 30 anos.
- **Comunitária** – divulga a cultura, o convívio social e eventos locais da comunidade. Noticia os acontecimentos comunitários e de utilidade pública, promove atividades educacionais e outras para a melhoria das condições de vida da população local.

A programação de uma rádio pode ser linear, em mosaico ou em fluxo.

Uma rádio linear tem programas que seguem o mesmo estilo ao longo do dia. Servem de exemplos as emissoras voltadas ao jornalismo 24 horas e as dedicadas a música clássica, ópera e concertos.

Basta pensar na imagem de um mosaico para entender como é a grade de uma rádio com esse tipo de programação. Inclui produtos variados, de formatos e tamanhos diferentes. Bons exemplos são as rádios AM que levam ao ar desde programas policiais às dicas de beleza com a atriz do momento, passando pelo noticiário e pela leitura de cartas de ouvintes apaixonados.

Já a programação em fluxo aposta na continuidade, na repetição de módulos bem definidos. A organização da programação fica clara e quem escuta aquela rádio sabe a sequência que virá. Imagine uma rádio que seguisse este padrão: leitura de notícias, música, previsão do tempo, condições dos aeroportos, música, trânsito, informação cultural. E isso continuasse se repetindo durante todo o dia.

Exemplos de grades de programação:

Rádio CBN (AM e FM) – grade às segundas, quartas e quintas
- 0h CBN Madrugada
- 4h CBN Primeiras Notícias
- 6h Jornal da CBN
- 9h30 CBN SP/ CBN RJ/ CBN BSB/ CBN BH
- 12h CBN Brasil
- 14h CBN Total
- 17h Jornal da CBN 2ª edição
- 21h CBN Noite Total

Super Rádio Tupi (AM/São Paulo) – grade de segunda a sexta
- 0h Madrugada Super Rádio
- 5h Manhã Super Rádio
- 9h Manhã Super Rádio
- 12h Tarde Super Rádio
- 15h Tarde Super Rádio
- 17h Conexão Super Rádio
- 19h Super Esporte
- 20h Abrindo o Baú
- 23h A voz do Brasil

Rádio Jovem Pan (FM São Paulo) – grade de segunda a quarta
- 0h Uma Atrás da Outra
- 1h As 7 Melhores
- 2h Uma Atrás da Outra

- 4h Programação Musical
- 6h Jornal da Manhã
- 9h30 Programação musical
- 10h Uma Atrás da Outra
- 11h As 7 Melhores
- 12h Pânico
- 14h As 7 Melhores
- 15h Playlist 100,9
- 17h As 7 Melhores
- 18h Uma Atrás da Outra
- 19h Voz do Brasil
- 20h Uma atrás da outra
- 21h As 7 Melhores
- 22h Uma Atrás da Outra

A ética no rádio

Não vamos falar aqui sobre os códigos de ética do jornalismo ou da publicidade, pois, além de ser difícil encontrar alguém que tenha de fato lido esses manuais, compreendido e memorizado cada item abordado, a teorização do assunto parece distanciar o profissional da importância de ter uma atitude ética na prática. Vamos, então, identificar situações cotidianas para colocar você diante de questionamentos sobre como agir eticamente, tanto na atividade de jornalista como na de publicitário.

Ética no radiojornalismo

Se fôssemos ficar na teoria, seria fácil repetir a máxima de que o jornalista deve ser próximo da fonte o bastante para extrair o que lhe interessa, mas distante o suficiente para não se confundir com a notícia ou simplesmente ignorá-la. No dia a dia, no entanto, é difícil encontrar esse ponto de equilíbrio.

No rádio, a informalidade da linguagem e a entrevista ao vivo com tom de conversa muitas vezes deixam fonte e jornalista confusos sobre o grau dessa distância.

A falta de ética pode se manifestar em casos corriqueiros, quando o jornalista precisa escolher quem vai ser entrevistado e dá preferência a este ou aquele meramente porque é alguém mais próximo a ele; ou até mesmo em situações mais graves, como a edição de declarações para comprometer ou não uma pessoa de acordo com seu interesse.

Há casos em que não se trata da relação com a fonte, mas da oportunidade de comercializar as entrevistas, o que é condenável em qualquer hipótese. Como o rádio é um veículo em que há facilidade para entrevistas ao vivo, há momentos em que jornalistas com desvio de caráter deixam a ética de lado e negociam espaço na programação, aceitando dinheiro ou favores para entrevistar alguém.

Existem situações em que o pagamento é indireto. São os casos de jornalistas que trabalham em uma rádio, mas também prestam assessoria para um político ou uma associação de classe. Obviamente, ele encontrará um jeito de entrevistar o próprio assessorado, quando estiver fazendo uma reportagem que ofereça essa oportunidade. Em seu artigo 7º, inciso VI, o Código de Ética dos Jornalistas Brasileiros diz que o profissional não pode

> realizar cobertura jornalística para o meio de comunicação em que trabalha sobre organizações públicas, privadas ou não governamentais, da qual seja assessor, empregado, prestador de serviço ou proprietário, nem utilizar o referido veículo para defender os interesses dessas instituições ou de autoridades a elas relacionadas.

Não há nenhuma compatibilidade entre a função de jornalista do dia a dia com a de assessor de imprensa. Desenvolver as duas atividades ao mesmo tempo já significará conflito ético.

Há também casos em que o jornalista negocia a entrevista de assuntos diferentes. Por exemplo: o repórter quer obter dados exclusivos que foram recebidos por um parlamentar numa CPI, mas não vai entrevistá-lo sobre aquele assunto para não sinalizar quem foi o responsável pelo vazamento da informação. Até aí não haveria nenhum problema, já que se trata apenas de um cuidado para preservar a fonte. O que não pode ocorrer é o jornalista combinar espaço na programação da rádio sobre outro tema de interesse da fonte como compensação pelo material recebido.

> "O senhor me passa esses dados e eu o entrevisto sobre aquele projeto que o senhor apresentou na semana passada." (Errado)

A relação de jornalista e fonte, no caso do rádio, gera outra situação que pode ser eticamente questionada. É correto um repórter orientar o entrevistado sobre a sonora que ele vai gravar, para garantir uma edição mais fácil?

Há dois pontos a avaliar. Se antes de gravar o entrevistado completou o raciocínio, mas costuma ser prolixo e tende a ultrapassar muito o tempo médio de uma sonora (de vinte a trinta segundos para cada resposta), não há nenhum problema em orientá-lo para garantir que não precisará fazer uma edição toda picotada, o que pode inclusive prejudicar o que ele está tentando dizer. Mas não se pode interferir no que o entrevistado está dizendo.

> "Quando o senhor for gravar, pode resumir este ponto." (Certo)

O que não pode ser feito é o repórter conduzir o entrevistado, orientando-o sobre o que falar, dizendo o que é mais apropriado ou condizente com aquele momento.

> "Na hora de gravar é melhor o senhor não afirmar isso, porque vai pegar mal. Melhor ficar focado neste ponto (e dizer o que o entrevistado deve dizer)." (Errado)

É comum existir o entrevistado "frasista", que dá declarações brilhantes que resumem com impacto tudo o que está querendo dizer. Não há problema em utilizá-las, mas frases soltas e editadas fora de contexto são um grande problema ético. Se fizer isso, o profissional vai distorcer a informação e inventar um fato.

SINUCA DE BICO

Agora vamos imaginar a seguinte situação: você tem uma fonte que costuma passar bastidores de negociações do Governo, de articulações de alianças partidárias e contar manobras nas casas legislativas, entre outras informações, em primeiríssima mão. De repente, chega às suas mãos um relatório revelando que sua fonte contratou um parente para o gabinete, ou seja, um caso de nepotismo. Portanto, cometeu uma irregularidade. Você sabe que, ao noticiar esse fato, não poderá mais contar com as informações exclusivas que ela passava. O que fazer então?

Obrigatoriamente, você terá de repassar de imediato a denúncia para sua redação. A chefia pode até optar por colocar outro repórter para fazer a matéria. No entanto, se você for o responsável pela pauta, jamais poderá proteger sua fonte. Também não poderá ficar se desculpando com a fonte por estar escrevendo sobre o assunto.

Lembre-se: é ela quem é suspeita de descumprir a lei, enquanto você está apenas exercendo o seu papel de jornalista. E, acredite, fontes sérias vão respeitá-lo ainda mais por reconhecer a responsabilidade do seu trabalho e entender que a relação entre vocês é jornalística, e não de amizade.

Há situações, porém, que agir com ética é avisar que não tem condições de fazer a pauta. Imagine se um parente ou amigo seu começa a ser investigado por corrupção. Pode até ser que na redação ninguém saiba que aquele suspeito é da sua família ou seu amigo, mas você tem a obrigação moral e ética de contar para seu chefe, sinalizando que será impossível para você cobrir o assunto.

Mesmo que diga que não tem contato com aquela pessoa e que tem condições de fazer a cobertura com isenção, suas reportagens estarão comprometidas. Isso porque, no momento em que a sua ligação for revelada publicamente, vai gerar desconfiança para o ouvinte, que não terá certeza de sua imparcialidade.

MOCINHOS E BANDIDOS

A cobertura policial no rádio é um capítulo à parte. Emissoras mais populares, principalmente as AM, costumam dar bastante espaço para esse tipo de noticiário. Alguns programas se limitam a listar os BO (Boletim de Ocorrência) das delegacias, sem qualquer cuidado em apurar melhor o caso.

Há, ainda, setoristas que usam palavras chulas e agressivas e confundem o papel de repórter com o de acusador ou delegado. Não são raras as vezes em que tomam partido e tratam no ar, ao vivo, os supostos envolvidos nos crimes como mocinhos e bandidos. Não é preciso se estender muito para dizer que tudo isso é absolutamente antiético.

Além disso, um profissional ético não pressiona vítimas de qualquer tipo de violência a dar entrevista contra a vontade delas, apenas para alimentar o sensacionalismo da emissora. Também não cai na tentação de usar tom melodramático na narração de tragédias.

ÉTICA *VS.* JABÁ

Na cobertura cultural ou de variedades, o jornalista se depara com uma série de atrativos que imediatamente podem pôr em xeque a ética profissional. É comum receber brindes, discos, ingressos para espetáculos dos mais variados e se ver tentado a divulgar aquele show, seja em nota ou entrevista no rádio com o artista, colocando o interesse pessoal no lugar do critério jornalístico.

No caso do rádio, o contato direto com cantores e bandas exige ainda mais equilíbrio e profissionalismo. Do contrário, o jornalista pode conduzir a entrevista se deixando influenciar por ser fã ou por querer um lugar privilegiado no espetáculo.

Há, também, os momentos em que a falta de ética vem de cima, em forma de pressão do departamento comercial ou da direção da emissora, que impõem o "jabá" na programação – quando a rádio toca determinadas músicas porque recebeu dinheiro das gravadoras para promover determinado artista. Ou seja, na prática, houve suborno, pagou-se propina, ou não? Então, é realmente necessário perguntar se o "jabá" é ético?

Em 2006, a Comissão de Constituição e Justiça da Câmara dos Deputados chegou a aprovar o Projeto de Lei n. 1.048/2003 que tornava crime a prática de jabá, com pena de multa e prisão. No entanto no final daquele ano, que marcava o término da então legislatura, a proposta foi arquivada.

NA TRAVE

A cobertura esportiva, em especial do futebol, é marcada por riscos éticos. A convivência diária com os atletas nos treinos, jogos e excursões faz com que o jornalista, às vezes, confunda a relação de profissional com a de amigo ou fã.

A relação contaminada pode fazer com que você não seja fiel à informação na hora do jogo, seja porque minimizou um fato negativo envolvendo aquele "jogador amigo", seja porque supervalorizou o caso tentando transformar o atleta em ídolo a qualquer custo.

Com o microfone na mão é fácil influenciar o ouvinte, encontrando defeitos ou qualidades, ambos em excesso, nos atletas. Claro que a cobertura esportiva exige locução vibrante, mas é preciso ser isento, sem tentar interferir no que o torcedor está sentindo ao acompanhar aquela transmissão.

Outra polêmica sem fim é se o repórter, comentarista ou locutor esportivo deve revelar o time para o qual torce. Não temos a pretensão de encerrar essa discussão, mas é preciso deixar claro que não é o fato de revelar ou não o time do coração que vai fazer o jornalista ser ético. É a postura dele nas coberturas que fará a diferença.

No jornalismo esportivo também é forte a pressão de patrocinadores para que um atleta seja promovido pelas emissoras. É o jabá da bola.

ÉTICA TECNOLÓGICA

Não bastassem todas as provações éticas às quais o jornalista é submetido na relação com as fontes e nos temas que está cobrindo, o avanço tecnológico trouxe mais uma pergunta: é correto o compartilhamento de entrevistas e sonoras?

Antigamente, quando perdia determinada entrevista e precisava recuperar o áudio com um colega, o repórter de rádio usava a "técnica da gravata" – um jeitinho para que aquela gravação analógica não ficasse com o som ainda pior ao ser copiada. O repórter, então, colocava o som baixinho e, em vez de encostar diretamente um gravador no outro, botava uma gravata ou um tecido com espessura semelhante no microfone do equipamento que ia copiar a gravação. A técnica funcionava como um filtro de ruído e não permitia que a cópia ficasse com o que no jargão do rádio chamamos de "som de lata".

Hoje, no entanto, o áudio gravado em mp3, mp4, *wave* ou outras extensões digitais pode ser replicado sem perda de qualidade. Basta um computador, um cabo USB e um e-mail ou um *pen-drive*. Em instantes, o repórter que estava do outro lado da cidade, cobrindo uma pauta completamente diferente, já está com aquela gravação disponível para entrar no ar.

É preciso observar alguns pontos sobre essa prática para saber se estamos agindo eticamente.

Se a entrevista foi coletiva, mas você não teve condições de comparecer e o assunto é realmente importante para a sua pauta, não há problema em pedir ajuda a um colega de profissão para recuperar o material, desde que comunique o fato a sua redação. Você jamais poderá dizer que esteve no local porque isso é mentira, e mentira não rima com ética.

Mesmo adotando esse cuidado, pegar sonora com os colegas não deve virar rotina. Até porque, se isso acontecer, você vai precisar perguntar a si mesmo: por que não estou conseguindo fazer as entrevistas e a toda hora tenho que recuperar material?

1. A redação está colocando pautas impossíveis de serem cobertas ao mesmo tempo?
2. A redação acostumou-se com essa prática e, em vez de contratar mais profissionais, está sobrecarregando sua pauta contando que você vai recuperar material com os colegas de outros veículos?
3. Você está se enrolando na pauta e perdendo frequentemente as entrevistas?

Agora a pergunta mais difícil de responder, porque exige muita sinceridade:

4. Você está acomodado diante dessa possibilidade de recuperar áudio com os colegas e, com preguiça, já não comparece a todas as entrevistas que deveria?

Em qualquer uma das ocasiões é preciso mudar. Se o problema for com a distribuição das pautas – itens 1 e 2 –, terá de conversar com sua chefia. Se o problema for consigo mesmo, então precisa questionar que tipo de profissional você está sendo.

A ética no espaço comercial e na publicidade

Do mesmo modo que o jornalista, o publicitário constantemente se depara com situações que ameaçam a ética do seu trabalho. Construir uma campanha exige grande responsabilidade com empresas, dinheiro, riscos e consumidores. É preciso ter compromisso com o sucesso do anunciante, sem jamais deixar de lado o respeito ao ouvinte.

O que se vê, porém, é que nem sempre essa lógica é posta em prática. A ética é desprezada em diversas etapas da campanha, da criação da mensagem publicitária à transmissão do anúncio.

A propaganda enganosa, com um texto que vende qualidades inexistentes do produto prometendo resultados que não serão alcançados, pode ser tentadora quando se quer aumentar as vendas, mas não pode ser admitida em hipótese alguma.

Um publicitário ético não aceitará criar essa mensagem, ainda que essa seja a exigência da empresa para fechar o contrato. Propaganda enganosa é crime e, além de ludibriar o ouvinte, poderá acabar com a imagem do anunciante e gerar prejuízos imensos, inclusive com pagamento de indenizações quando a farsa for desvendada. O Código de Defesa do Consumidor garante a abertura de processo nesses casos.

O espaço comercial também exige ética das emissoras. Por lei, a cada hora de programação a rádio pode veicular no máximo 15 minutos de comerciais. Portanto, todo o material de propaganda deveria ser contado nesse espaço de tempo. No entanto, diante da dificuldade do governo em fiscalizar, algumas rádios driblam a norma e não incluem na soma os testemunhais, que são os anúncios feitos pelos próprios locutores.

De uma emissora ética espera-se cuidado, também, na distribuição de comerciais na grade de programação. Mensagens de empresas concorrentes não podem entrar no mesmo intervalo, seja no comercial, nas chamadas de patrocínio ou nas informações do locutor.

Imagine que num testemunhal o locutor fale do melhor queijo de Minas, seu sabor, seu menor preço e o quanto é saudável. Logo em seguida, faz outro testemunhal falando que o queijo do Rio Grande do Sul é o mais saudável, econômico e saboroso. Obviamente, vai haver conflito de credibilidade para o ouvinte.

QUANDO JORNALISMO E PUBLICIDADE SE APROXIMAM NA COMERCIALIZAÇÃO DE ESPAÇOS

Não é raro haver pressão para que empresários ou governos, por comprarem uma grande cota comercial na rádio, tenham também espaço no conteúdo jornalístico ou de entretenimento da emissora. Em alguns casos, a venda do comercial chega a ser casada, para que sejam feitas entrevistas ou matérias sobre aquele anunciante. Como não existe sequer vestígio de ética em uma negociação dessas, a combinação nem está no contrato; é feita em um "acordo entre amigos".

Alguns publicitários chegam a comprar entrevistas para o cliente. Pagam diretamente a jornalistas e locutores para que entrevistem o anunciante de forma positiva. É claro que isso está completamente errado.

É verdade também que existe a prática de colocar os locutores, apresentadores e repórteres para vender propaganda. Eles ganham pela venda como qualquer contato comercial. Em algumas emissoras, esses profissionais nem têm salário fixo, recebem apenas por comissão. Mas isso é uma inversão de papéis, que deve ser combatida, porque o responsável por vender espaço para propaganda é o departamento comercial da emissora.

O próprio conteúdo testemunhal tem de ser avaliado. Deve-se evitar que jornalistas leiam textos publicitários ou façam citações de anunciantes nas suas participações. No entanto, a prática ainda é comum. Numa rádio *all news*, porém, o testemunhal é completamente inadmissível, embora seja ainda mais tentador para o publicitário tentar veicular sua propaganda nesse formato porque essas emissoras têm maior credibilidade e o anúncio fica parecendo uma extensão do conteúdo de notícias.

O departamento comercial dos veículos de comunicação cobra caro para um anúncio entrar no ar com formato semelhante ao conteúdo da programação. Os custos são normalmente mais de 50% superiores ao valor do horário.

Às vezes, essa proposta vem no formato de uma notícia, um infomercial. Mas é obrigatória a identificação de que se trata de um informe publicitário ou um comunicado de determinada empresa.

O fato de um repórter esperar para entrar no ar com uma notícia, porque o locutor foi orientado primeiramente a chamar o bloco comercial, não representa choque ético entre jornalismo e publicidade. Cumprir o horário dos comerciais faz parte do respeito aos contratos assinados. Mas se a notícia é urgente, como situações que merecem inclusive vinheta de plantão – tragédias, mortes de extremo impacto e/ou comoção nacional –, deve-se abrir uma exceção e a informação vir antes ou até interromper o intervalo comercial.

ÉTICA E REGULAMENTAÇÃO

Associações, grupos e entidades voltados a diferentes segmentos da propaganda orientam as boas práticas do mercado publicitário. Sugerimos conhecer os sites com suas disposições, artigos e regras, para avaliar as oportunidades e responsabilidades de cada segmento.

Lista de sites:

- ABA – Associação Brasileira de Anunciantes (www.aba.com.br)
- Abap – Associação Brasileira das Agências de Publicidade (www.abap.com.br)
- Abert – Associação Brasileira de Emissoras de Rádio e Televisão – (www.abert.org.br)
- ABP – Associação Brasileira de Propaganda (www.abp.com.br)
- Aesp – Associação das Emissoras de Rádio do Estado de São Paulo (http://aesp.com.br)
- Anatel – Agência Nacional de Telecomunicações (www.anatel.gov.br)
- Cenp – Conselho Executivo das Normas-Padrão (www.cenp.com.br)
- Conar – Conselho Nacional de Autorregulamentação Publicitária (www.conar.org.br)
- APP – Associação dos Profissionais de Propaganda (www.appbrasil.org.br)
- GM – Grupo de Mídia de São Paulo (www.gm.org.br)
- GPR – Grupo de Profissionais de Rádio (www.gpradio.com.br)

As vantagens da comunicação no rádio

O rádio tem características próprias que o distingue de outros veículos de comunicação e uma de suas principais vantagens é o grau de penetração na sociedade. Isso porque ele chega aos ouvidos do analfabeto e do intelectual; do pobre e do rico.

Para ouvir rádio não é preciso saber ler e escrever, não é necessário muito dinheiro para comprar um aparelho, tampouco precisa-se ficar parado em frente a ele para escutar.

No trânsito, na cozinha, na roça, no escritório ou no estádio de futebol, por exemplo, você pode estar com seu rádio ligado. Também conta com a facilidade de conectar a emissora pela web, pelo seu computador ou no celular.

O rádio é ágil, traz a informação para o ouvinte ao vivo. Isso permite mais autonomia ao jornalista e facilidade para chegar aos locais onde o fato está ocorrendo, já que ele não precisa arrastar uma parafernália de equipamentos. Basta um telefone para ligar para o estúdio e começar a transmitir a informação. Tudo é muito prático.

Como sua comunicação é feita pela voz, trata-se de uma mídia muito mais barata que outras quando pensamos na produção de um comercial. Basta gravar o áudio da mensagem produzida pelos publicitários e, quando achar interessante, colocar efeitos sonoros.

A edição desse material também costuma ser rápida, principalmente se for comparada à de um anúncio de TV, que precisa de investimento e tempo muito maiores para rodar as cenas, escolher e montar o produto final desejado.

A imagem do rádio

A voz, sem sombra de dúvidas, é um elemento que instiga a imaginação. Quando ouvimos um locutor, o tom e o ritmo de sua voz fazem com que imaginemos como ele deve ser. Somos capazes de traçar seu aspecto físico e até características de sua personalidade. Só que nem sempre – ou quase nunca – a imagem que criamos se aproxima da realidade.

Geralmente, quando conhecem apresentadores e repórteres, os ouvintes se espantam: "Nossa! Você é muito diferente do que eu pensava".

Quando o jornalista entra no ar e começa a falar sobre o Carnaval, por exemplo, o ouvinte consegue ver as cores e as fantasias que se espalham naquele cenário. Se for uma tragédia, ele vê o drama do acontecimento. De acordo com os detalhes descritos pelo repórter, o ouvinte será capaz de ter em mente um quadro mais ou menos fiel do que está acontecendo, mas, ainda assim, essa cena será única, exclusiva de quem ouve.

Em um comercial de TV, quando se fala que o novo perfume é usado por mulheres chiques e bonitas, na mesma hora você vê as personagens escolhidas para a propaganda, mas nem sempre sua ideia de beleza e elegância coincide com a que está sendo mostrada. No entanto, se o mesmo comercial for veiculado no rádio, cada ouvinte enxergará o que para ele representa uma mulher deslumbrante.

"Para o escritor de peças radiofônicas, é fácil nos envolver numa batalha de duendes e gigantes, ou fazer nossa espaçonave pousar num estranho e distante planeta."[1] A constatação de que o ouvinte cria a imagem é favorável, mas também carrega riscos, exigindo tanto do jornalista como do publicitário um cuidado muito maior, para que não seja formada uma imagem errada ou distorcida.

O jornalista precisa ficar atento se descreve com fidelidade as cenas que está narrando, sem exagerar em adjetivos que exprimem apenas a impressão que ele mesmo tem do fato. É preciso contar o que está sendo visto para o ouvinte "enxergar" a cena. Traremos mais detalhes no capítulo "A arte de escrever para o rádio".

O publicitário também deve ter certeza de que as imagens construídas serão positivas para o produto que quer vender, independentemente de como cada um vai imaginar a cena. Um bom teste é ler o texto para pessoas que não têm nada a ver com a área de criação da agência. Que tal perguntar para a moça que serve café, para o motorista ou o gerente de recursos humanos qual é a sensação deles ao ouvirem aquela mensagem?

O rádio e a imaginação

O texto a seguir, incluindo os efeitos sonoros descritos, foi apresentado em um dos encontros de criatividade e mídia, o tradicional Maxi Mídia, evento que ocorre todos os anos. O objetivo era mostrar a capacidade que o rádio tem de despertar a imaginação das pessoas com baixo custo de produção.

Som: ruído ambiente de uma pista de aeroporto
Locução: Estamos aqui no meio da pista do Aeroporto de Congonhas que acaba de ser interditado para um evento que me dis-

seram ser incrível, não sei ainda o que vai acontecer, mas vamos aguardar. Um momento, um momento. Estão chegando várias jamantas agora, várias jamantas, umas vinte mais ou menos.

Som: motor de caminhão

Locução: E de cada uma delas está descendo um elefante.

Som: forte bramido de um elefante

Locução: São vários elefantes, que coisa incrível!

Som: bramidos de vários elefantes.

Locução: E agora eles estão fazendo um círculo! Os elefantes estão fazendo um círculo fechado. É muito estranho isso aí.

Som: bramidos de elefantes

Locução: Mais jamantas estão chegando. Vamos ver o que acontece.

Som: som de passadas de girafas

Locução: Girafas! São girafas que estão descendo. Que coisa! Umas vinte girafas, mais ou menos. Estão subindo nos elefantes. Podem imaginar os senhores um círculo de elefantes, as girafas subindo em cima, formando um outro círculo? Que coisa incrível! E mais jamantas chegando ainda. Mais jamantas. O que será que vai acontecer?

Som: barulho de caminhão

Locução: Mais jamantas chegando? E agora são tigres.

Som: rugidos de tigre e barulho de caminhão

Locução: E vários tigres subindo nas girafas.

Locução: Temos um círculo de elefantes, um círculo de girafas e um círculo de tigres. Todos os círculos uns sobre os outros!

Locução: Nossa! E agora estão chegando cobras. Cuidado, cuidado, são muitas. Muitas cobras! Estão subindo e formando uma pirâmide. Algo absolutamente incrível. É um absurdo.

Som: batida de asas de pássaros

Locução: Agora chegando centenas de pombas sobrevoando a pirâmide e estão formando o nome do produto no céu. E com a marca estão pousando na ponta da pirâmide.
Locução: Incrível de fato. Isto só poderia estar acontecendo no rádio!

A pressa é inimiga da perfeição

É importante ressaltar que o fato de o rádio ser um veículo simples e ágil não significa que seus produtos possam ser feitos de qualquer jeito.

A facilidade de entrar no ar várias vezes ajuda o repórter a atualizar a informação ao longo dos programas. Se houve um acidente, é possível contar onde aconteceu e quantos veículos estão envolvidos. Logo depois, voltar orientando o ouvinte a evitar aquela rodovia que já está completamente congestionada e, mais tarde, detalhar o estado de saúde das vítimas. Mas tudo tem de ser feito com extremo rigor na apuração para não cometer o maior pecado de um jornalista: dar a informação errada.

Quando o jornalista está diante de uma denúncia, tem a possibilidade de entrar no ar mesmo se ainda não ouviu a versão do acusado, mas é preciso deixar muito claro que ainda está tentando falar com a pessoa denunciada e que voltará com outras informações tão logo consiga contato. Depois poderá apresentar a resposta dela e, por fim, consolidar uma reportagem já com todas as partes envolvidas.

Lembre-se, porém, que o público do rádio muda muito ao longo do dia. Uma pessoa que está sintonizada em um determinado momento e ouviu aquela reportagem pode não estar ouvindo quando você trouxer o outro lado. Então mostre que ainda não há ali uma informação consolidada.

Devido a essa característica, é necessário ser redundante na informação. Não estamos falando aqui daquela redundância gramaticalmente errada, como quando se diz "subiu pra cima" ou "entrar pra dentro". Trata-se do cuidado de repetir informações que façam o ouvinte entender todo o contexto da notícia.

Imagine que ao ligar o rádio você ouve o jornalista dizer:

> *Já estão na sede da Polícia Federal os cinco empresários presos hoje./ Após prestar depoimento, eles serão encaminhados ao presídio./ Pelos crimes que estão sendo acusados, podem pegar de cinco a dez anos de prisão.// Ao chegar à sede da* PF, *o empresário Fulano negou as acusações contra ele./ Alegou ser vítima de uma armação política.//*

O *flash* do repórter, atualizando a informação sobre a prisão de empresários, acaba ali e ele devolve a transmissão para o estúdio. O ouvinte que não estava sabendo nada sobre o assunto até aquele momento vai continuar sem saber, apesar de ter escutado a notícia.

Ou seja, o repórter tem de considerar que nem todos sabem do que ele está falando e terá de repetir informações básicas, mesmo que as tenha dito mais cedo. Essa redundância da história estará no final da reportagem, pois a abertura acontece sempre com o fato mais novo.

Veja se não ficaria muito mais claro assim:

> *Já estão na sede da Polícia Federal os cinco empresários presos hoje./ Após prestarem depoimento, eles serão encaminhados ao presídio./ Pelos crimes que estão sendo acusados, podem pegar de cinco a dez anos de prisão.// Ao chegar à sede da* PF, *o empresário Fulano negou as acusações contra ele./ Alegou ser vítima de uma armação política.//*
>
> *Hoje, a* PF *fez uma operação na Zona Sul do Rio de Janeiro e prendeu vinte pessoas, entre elas cinco empresários suspeitos*

de montar lojas de fachada, para intermediar o contato entre traficantes e usuários de droga.// Os estabelecimentos oficialmente vendiam roupas e acessórios para homens e mulheres, mas nos fundos serviam de ponto de distribuição de cocaína e ecstasy vindos do exterior.//

Uma notícia, um produto, vários formatos

O rádio tem várias formas de levar uma notícia ao ouvinte, e essa é mais uma das suas vantagens. Além de transmitir a informação, o veículo permite à pessoa refletir sobre o fato, perceber vários ângulos que compõem o tema e, com a leveza e informalidade que o veículo oferece, até enxergar a situação com bom humor em alguns casos.

A reportagem é apenas um dos artifícios possíveis para contar uma história. O assunto pode ser explorado em entrevistas, debates, comentários de especialistas, documentários, programas especiais sobre o tema, enquetes e charges.

Para campanhas publicitárias, o rádio também possui várias faces. O produto pode chegar ao ouvinte por meio de *jingles*, *spots*, testemunhais, *merchandising*, infomercial. É possível fazer desde pequenos anúncios até patrocinar programas ou eventos; associar a marca apenas com o áudio no ar ou aproveitar para participar de promoções externas. Sem contar a possibilidade de incluir o anúncio também no espaço multimídia da rádio na internet.

FORMATOS DE VEICULAÇÃO JORNALÍSTICA NO RÁDIO

- *Flash* é a divulgação de uma informação pelo repórter, ao vivo, com texto curto. Uma forma de levar ao ar a notícia imediatamente.
- A *matéria*, ou *reportagem*, é a notícia consolidada num texto maior com todas as partes envolvidas, devidamente representa-

das. Inclui as sonoras editadas dos entrevistados. Pode entrar no ar com a participação do repórter ao vivo ou gravada.

- O *boletim* é semelhante à matéria. Traz as informações de todos os lados que devem ser ouvidos na reportagem, mas não tem sonoras dos entrevistados. O texto é curto. Costuma ter em torno de um minuto.

- A *entrevista* geralmente é feita pelo apresentador do programa que está no ar e consiste em ouvir uma pessoa sobre determinado assunto. Pode ser noticiosa, quando o entrevistado vai anunciar algo; pode ser opinativa ou analítica, para explorar determinado tema que está em pauta; pode ser também de personalidade, quando o escolhido é alguém que simplesmente está na mídia (comum no caso de entrevistas com artistas, por exemplo). Também há as entrevistas coletivas, convocadas por autoridades ou personalidades, e que podem ser transmitidas pelo repórter que está cobrindo aquela pauta.

- O *debate* envolve mais de um entrevistado, para expor visões diferentes de um mesmo assunto. É intermediado pelo apresentador do programa, que deve garantir tempo igual para todos os lados exporem seus argumentos. O debate pode ser feito ao vivo ou gravado. Existe a possibilidade, também, de se fazer o debate de um tema sem enfrentamento direto dos debatedores. Primeiro ouve-se uma pessoa, depois a outra. Isso geralmente ocorre quando os envolvidos não aceitam debater diretamente o tema com o opositor. O intervalo entre as duas entrevistas/debate pode ser de um bloco para outro do programa, ou mesmo em dias consecutivos. Mas o apresentador precisa deixar claro que haverá a continuação e informar o horário exato em que a outra parte será ouvida. E, durante as perguntas, deverá questionar o entrevistado sobre o que o opositor pensa, permitindo o debate indireto sobre o assunto.

- A *charge* é usada para abordar um tema com ironia e humor. Muito comum para tratar de temas políticos. Tem texto, declarações curtas das partes envolvidas, efeito sonoro e música.

FORMATOS DE VEICULAÇÃO COMERCIAL NO RÁDIO

- *Comercial avulso* são as inserções colocadas nos intervalos comerciais, normalmente com 30 segundos. Mas as tabelas das rádios também vendem variações de tempo de 15, 45 e 60 segundos.
- *Comercial determinado* é o anúncio com horário de veiculação previamente acertado no contrato, com entradas em faixas horárias de programação ou programas específicos.
- *Comercial rotativo* são veiculações que ficam com o horário de transmissão a critério da emissora. Podem compreender faixas diurnas ou noturnas, mas nunca um horário específico.
- *Testemunhal* é quando o próprio comunicador da emissora fala das qualidades e diferenciais do produto. É um estilo de contato com o ouvinte de grande credibilidade porque o locutor pode dar aval à qualidade do produto. É um comercial preferencialmente ao vivo. O tempo de duração é maior, normalmente 90 segundos.
- A *ação de merchandising*, no rádio, tem uma dimensão de testemunhal, mas não é feita pelo próprio locutor. Existem pessoas especializadas em ações de *merchandising* que percorrem várias emissoras, no mesmo dia, sempre fazendo a locução no formato de testemunhal, por exemplo, como consultoras de beleza ou de culinária.
- *Infomercial* é, como o nome já diz, o resultado da junção de informação com comercial. A mensagem parece uma notícia,

mas deve deixar claro que se trata de um informe publicitário. Tem duração mais longa, chegando a 3 minutos.

- *Campanhas institucionais* são uma forma de vincular a marca, por exemplo, a campanhas de utilidade pública. São feitos *spots* em defesa de algum tema, como combate ao tabagismo, proteção ao meio ambiente. As mensagens são finalizadas com a assinatura ou *slogan* do anunciante.
- *Promoções externas* são atividades que levam a rádio às ruas. Exemplo dessas ações são as "peruinhas" ou "pedágios" promovidos por emissoras. Os carros e equipes das rádios são colocados em pontos estratégicos das cidades fazendo alguma promoção. É uma oportunidade de difundir a marca na programação da emissora e no contato externo com o público.
- *Cross media* é a propaganda feita em várias plataformas de comunicação. Como colocar anúncio no ar, nas ruas e no site da rádio, negociando num só pacote comercial.
- O *patrocínio* inclui programas ou eventos. O anunciante compra o pacote de inserções que envolvem todo o programa patrocinado. Sua marca aparece na abertura, no encerramento e em intervalos. Originalmente era exclusivo, pois não existia a presença de nenhuma outra marca nos comerciais, mesmo que não fosse concorrente do patrocinador. Mas, diante do alto custo desses pacotes, surgiram os patrocínios por cotas, que envolvem vários anunciantes, não sendo recomendado mais que quatro cotistas. Há, ainda, o patrocínio americano, que mistura cotas com a presença de comerciais avulsos de outras marcas nos intervalos, desde que não sejam concorrentes das patrocinadoras. Normalmente o formato de patrocínio compreende:

  ¤ abertura e encerramento com duração de 7 segundos, com menção ao patrocinador. Cada 7 segundos representa um texto médio de 12 palavras;

- comerciais de 30 segundos nos intervalos comerciais;
- vinhetas com menção aos patrocinadores pelos locutores do programa durante a transmissão do conteúdo;
- chamadas do programa em outros horários da emissora com menção final ao patrocinador no tempo de cinco segundos. É o conhecido tempo do rabicho do comercial que fica por conta das marcas;
- *inserts* no caso de transmissões esportivas. São textos rápidos de 3 segundos, junto com informações importantes como resultado do jogo, tempo da partida, *replay* de melhores momentos.

O publicitário seleciona tecnicamente os meios

Para montar um plano de veiculação de produtos, marcas ou serviços nos meios de comunicação, existe dentro das agências de publicidade um profissional de mídia especializado em analisar todas as características dos veículos de comunicação, qualitativa e quantitativamente.

Esse publicitário vai reunir as metas criadas no plano de *marketing* do anunciante e os objetivos de comunicação estabelecidos para cada campanha pela agência de publicidade. A partir disso, vai indicar quais são os meios favoráveis para a divulgação do comercial.

A estratégia de *marketing* representa o esforço do anunciante com as condições internas de produção e inovação da empresa. Talvez uma alteração de embalagem, uma atividade promocional ou uma nova sugestão de uso do produto com modificações de formulação.

O objetivo de comunicação é o que se espera que o público-alvo sinta ou pense ao receber a mensagem.

Depois de avaliar a capacidade de cada mídia para envolver o consumidor no momento em que o anúncio for veiculado, ele vai quantificar o total de consumidores alcançados através das audiências.

Essa fase exige conhecimento profundo do planejador em relação aos hábitos e atitudes do consumidor, seus assuntos preferidos e da conjuntura que ajuda na formação de opinião para criar atitudes favoráveis à compra de produtos.

NOTA

[1] Robert Mcleish, 2001, p. 16.

Avaliação de audiência: o valor comercial do rádio

Quem já não esteve numa reunião de mídia e, de repente, alguém começa a defender tal revista porque a mulher dele lê ou um programa de TV que não está no plano, mas a avó dele não perde um?[1]

Cabe ao profissional de mídia da agência de publicidade decidir onde serão veiculados os comerciais e negociar o preço do espaço para inserção. Essa negociação é feita de forma técnica. A base são os estudos de audiência disponíveis no mercado.

Muitas vezes o anunciante considera o grande desconto financeiro como o maior atrativo para a sua veiculação. Mas a eficiência da propaganda vai depender do seu alcance, e isso, por sua vez, depende da audiência e do volume de contatos do comercial com o público.

É preciso identificar a frequência ideal desses anúncios e em que dias da semana e horários é conveniente falar com o ouvinte, além de ter cuidado para não deixar a mensagem saturar o consumidor.

Para isso, é necessário o acompanhamento constante de estudos regulares, porque não existem regras obrigatórias ou constantes para determinar quando um comercial é realmente eficiente.

Por mais experiente que seja o profissional de publicidade na sua relação com os meios de comunicação, todos os veículos, por serem dinâmicos, exigem atualização de resultados de pesquisa. No caso do rádio, isso é feito pelas avaliações de audiências, normalmente apresentadas pelo Ibope.

As pesquisas de audiência e de comportamento trabalham com amostras de públicos recolhendo informações que estabelecem uma relação direta com a quantidade e a qualidade dos hábitos da população.

É fundamental ter uma amostra com representatividade de segmentos maiores, e, desde que seja bem planejada, a pesquisa não promove erros amostrais significativos.

Representatividade da amostra:

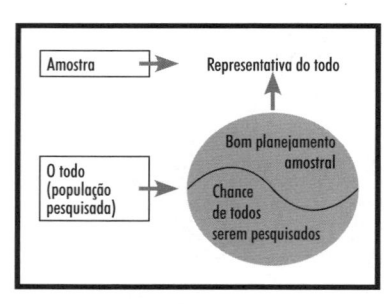

Medindo a audiência

Existem dois tipos de pesquisa de contato direto com o ouvinte: a flagrante, que verifica qual emissora o entrevistado está ouvindo naquele exato instante, e a *recall*, que registra num caderno os hábitos de audiência do entrevistado.

Os institutos de pesquisa também desenvolvem tecnologias para avaliar mecanicamente a audiência dos meios eletrônicos de comunicação. Os equipamentos *peoplemeters*, por exemplo, permitem conhecer a audiência em tempo real, o que facilita a análise do programa enquanto está sendo transmitido.

Para as produções ao vivo, que em rádio são maioria, essa checagem pode ser uma faca de dois gumes para o locutor, âncora ou apresentador. Se a audiência estiver boa, será ótimo e ele terá tranquilidade para prosseguir o programa; do contrário, sofrerá pressão por ajustes imediatos com o objetivo de aumentar a audiência.

A medição instantânea é feita 24 horas por dia, não depende de entrevistas e tem credibilidade por causa da exatidão dos dados.

A audiência representa o conjunto de pessoas que escutam ou estão expostas a uma emissora. É o mesmo que dizer "a rádio 'X' possui uma audiência de 144 mil ouvintes". A informação pode ser trabalhada também apontando a porcentagem de audiência da emissora no universo analisado.

O índice de audiência é medido em função do total de aparelhos da amostra. Exemplificando: numa amostra de dez aparelhos de rádio, temos o seguinte resultado:

- 6 aparelhos sintonizados na emissora "A";
- 3 aparelhos sintonizados na emissora "B";
- 1 aparelho sintonizado na emissora "C";
- 0 aparelho sintonizado na emissora "D".

Em termos percentuais, temos os seguintes índices de audiência:

- A emissora "A" apresenta 60% de índice de audiência;
- A emissora "B" apresenta 30% de índice de audiência;
- A emissora "C" apresenta 10% de índice de audiência;
- A emissora "D" apresenta 0% de índice de audiência.

Impactos de audiência

Quando uma mensagem é ouvida pela primeira vez, isso representa a audiência, mas o consumidor pode ouvi-la novamente e isso aumenta o impacto da propaganda. Entretanto é importante lembrar que, se a pessoa ouve o anúncio de novo, isso não dobra o alcance do comercial, pois não aumenta o número de consumidores expostos a ele.

Entenda os termos:

- *audiência não duplicada* – também conhecida como impacto único, representa os ouvintes que estiveram expostos à mensagem pelo menos uma vez;
- *superposição da audiência* – o consumidor pode ouvir o anúncio mais de uma vez na mesma emissora ou em rádios diferentes. Conhecer a duplicação da audiência ajuda o profissional de mídia a calcular a intensidade da campanha e verificar se a mensagem está saturando o ouvinte;
- *frequência* – é o número de vezes que o comercial é transmitido diante de uma programação previamente autorizada para a emissora;
- *frequência média* – é o número médio de vezes que o ouvinte esteve exposto a uma mensagem comercial diante de uma programação transmitida durante um período de campanha;
- *alcance* – representa o dado que informa quantos ouvintes únicos estiveram expostos ao comercial. Ele é formatado somando o dado da audiência líquida de cada comercial transmitido, ou seja, cada nova exposição pode acrescentar, mesmo que pouco, um número de ouvintes novos;
- *share de audiência* – representa o índice de audiência somente dos aparelhos ligados. Mas, para os anunciantes, o objetivo é sempre falar com todo o potencial dos aparelhos de rádio;

- *gross rating point* (GRP) – são os pontos brutos de audiência. A criação de outros tópicos de avaliação de público fez com que o GRP não fosse fundamental como informação de intensidade de campanhas;
- *perfil da audiência* – é o perfil demográfico do público. Leva em consideração não a audiência geral, mas o resultado de alcance por classificação socioeconômica, sexo e faixa etária. É um dado importante para o anunciante, porque ele compara exatamente o perfil da emissora ao do seu público-alvo. Pode ser que a audiência nem seja muito alta, mas sua composição será fator de seleção;
- *perfil psicográfico* – qualifica o estilo de vida do ouvinte, identifica sua personalidade, valores e conceitos. Ou seja, considera o interesse por *hobbies*, pela família, pelo trabalho, por esportes e até mesmo opiniões sobre questões políticas, sociais, educacionais e culturais. Observa se é um público mais introvertido, extrovertido, cauteloso, conservador ou independente, por exemplo. Busca informações que ajudam a traçar a afinidade do ouvinte com a marca a ser anunciada. As avaliações psicográficas estão presentes nos estudos Sisen do Instituto Marplan e TGI do Ibope, abrangem as nove principais cidades do território nacional e são editados regularmente com disponibilidade para o mercado de veículos de comunicação, anunciantes e agências de publicidade.

Cobertura de sinal

As emissoras, embora transmitidas de uma cidade-sede, costumam ser ouvidas nas cidades próximas. As tabelas comerciais geralmente apresentam o raio de cobertura ou de alcance de sinal, o que significa uma oportunidade de atingir ouvintes em outras regiões. Os anunciantes gostam dessa informação, porque possibilita distribuir o produto em todas as possíveis áreas de alcance das mensagens comerciais. Um exemplo aleatório: uma emissora com sinal original em Goiânia é ouvida em mais de 60 cidades vizinhas ou relativamente próximas.

Rentabilidade de audiência: custo por mil ouvintes

A função básica do profissional de mídia é alcançar o maior número possível de consumidores do público-alvo, e isso com o melhor custo-benefício. Para tanto, depois de identificar a rádio que se adequa ao perfil da marca, ele vai avaliar quanto custa para atingir cada consumidor.

Como os veículos possuem coberturas altas de ouvintes, o CPM – custo por mil pessoas – permite o cálculo para a entrada de um veículo num planejamento de mídia e dá base para negociar descontos.

O CPM tem características confiáveis: é um dado referente a um público; leva em conta a população exposta ao meio e o custo de inserção; é amparado em pesquisas regulares de audiência e permite comparar a eficiência entre meios ou entre programas de uma mesma emissora.

Fórmula para determinação do CPM:

| Fórmula para determinação do CPM | = | Custo de 30" x 1.000 ÷ Ouvinte ou impactos Público-alvo |

Oportunidade de negociação com base no CPM:
Num exemplo hipotético, para três emissoras de conteúdo semelhante de programação, comparando o custo relativo de públicos alcançados, teríamos:

CPM = Custo 30″ x 1.000 ÷ Público-alvo

Emissora "A" = Custo 30″ R$ 180,00 x 1.000 ÷ 3.000 ouvintes

Portanto, o CPM da emissora "A" é igual a R$ 60,00.
Comparando, por exemplo, no mesmo formato de cálculo
para outras emissoras concorrentes, com preços de tabelas
diferentes, poderíamos ter a seguinte situação de CPM entre
essas emissoras:

VEÍCULO	CPM	DESCONTO %	R$
Emissora "A"	60,00	20%	48,00
Emissora "B"	50,00	Referência	Básico
Emissora "C"	70,00	30%	49,00

O menor CPM (emissora "B") representa a melhor renta-
bilidade, porque é o preço mais baixo por mil ouvintes
em relação aos outros dois veículos também com públicos
adequados (emissoras "A" e "C").
A emissora "B" não precisa dar desconto para ter a veiculação da campanha. As outras duas precisaram apresentar
pelo menos o desconto apontado na tabela para chegar ao
mesmo custo por mil ouvintes. Ou seja, antes do cálculo
do CPM, os valores não apresentavam equilíbrio de custo
relativo. Isso representa uma negociação técnica em função
da audiência, permitindo veicular de forma rentável em
todas elas.

NOTA

[1] Veronezzi, 2005, p. 250.

Departamento comercial das rádios

O departamento comercial de uma rádio é o canal entre a agência de publicidade e a emissora. O setor conta com profissionais com experiência em avaliação de mídia. São eles que têm as informações sobre a variação da audiência mostrada nas pesquisas e ficam em contato permanente com as áreas artística e de produção de conteúdo, para saber o que elas estão fazendo. O objetivo, claro, é transformar o que produzem em venda comercial, aumentando o faturamento da emissora.

O papel dessa área é sempre agregar valor para as campanhas publicitárias. É esse setor que estabelece os custos de tabela de inserção dos comerciais.

Ao formatar cada tabela, além de acrescentar a inflação do período na atualização dos custos, o setor analisa os dados comparativos do CPM entre emissoras concorrentes. A partir desse trabalho, poderemos ter dois caminhos: se a audiência subiu, o preço do anúncio também poderá ter um aumento maior; se caiu, o preço talvez precise ser reduzido.

As tabelas distribuídas para o mercado anunciante trazem valores por faixa horária ou por programa. Apresentam, ainda, as variações de tempo dos comerciais e de formatos, tendo como base a referência de 30 segundos. O custo também varia se o comercial for determinado ou rotativo.

Apresentamos o exemplo da Rádio Jovem Pan de São Paulo, que fraciona a participação comercial exatamente em função dos seus diversos alcances de ouvintes durante o dia. Durante a madrugada, quando ocorre a maior queda de audiência, os custos são menores.

São Paulo - SP - JOVEM PAN AM								
Programa	Horário	Dias	30s	05s	15s	45s	60s	Vigência
JORNAL DA MANHA - 01	05:00-06:00	_23456_	7.160,00	0,00	5.728,00	10.740,00	14.320,00	01/12/2011
HORA DA VERDADE	17:45-20:00	_23456_	2.750,00	0,00	2.200,00	4.125,00	5.500,00	01/12/2011
JORNAL DE ESPORTES	12:00-13:00	23456	2.835,00	0,00	2.268,00	4.252,50	5.670,00	01/12/2011
NO PIQUE DA PAN	20:00-21:30	_23456_	545,00	0,00	436,00	817,50	1.090,00	01/12/2011
NO MUNDO DA BOLA	09:30-13:00	_____S	720,00	0,00	576,00	1.080,00	1.440,00	01/12/2011
FORMULA JOVEM PAN	13:00-14:00	_____S	545,00	0,00	436,00	817,50	1.090,00	01/12/2011
DOMINGO ESPORTE	07:00-09:00	D	545,00	0,00	436,00	817,50	1.090,00	01/12/2011
E NOITE TUDO SE SABE	20:00-22:00	_____S	440,00	0,00	352,00	660,00	880,00	01/12/2011
PLANTAO DOM.-1A ED.	09:00-14:30	D_____	660,00	0,00	528,00	990,00	1.320,00	01/12/2011
PLANTAO DOM.-2A ED.	20:00-00:00	D_____	440,00	0,00	352,00	660,00	880,00	01/12/2011
JORNAL DA NOITE	20:00-00:00	_23456_	545,00	0,00	436,00	817,50	1.090,00	01/12/2011
ESPIRITO ESPORTIVO	14:00-15:00	S	545,00	0,00	436,00	817,50	1.090,00	01/12/2011
RADIO AO VIVO	22:00-00:00	_____S	440,00	0,00	352,00	660,00	880,00	01/12/2011
JORNAL DE SERVICOS	09:30-12:00	_23456_	2.750,00	0,00	2.200,00	4.125,00	5.500,00	01/12/2011
JORNAL JOVEM PAN	14:00-17:00	_23456_	2.205,00	0,00	1.764,00	3.307,50	4.410,00	01/12/2011
JORNAL DA MADRUGADA	00:00-04:00	23456	440,00	0,00	352,00	660,00	880,00	01/12/2011
JOGO RAPIDO	05:00-05:30	_____S	545,00	0,00	436,00	817,50	1.090,00	01/12/2011
JORNAL DA MADRUGADA1	00:00-05:00	D_____S	440,00	0,00	352,00	660,00	880,00	01/12/2011
JORNAL RICO DINHEIRO	17:00-17:45	_23456_	2.205,00	0,00	1.764,00	3.307,50	4.410,00	01/12/2011
ESPORTE EM DISCUSSAO	13:00-14:00	_23456_	2.835,00	0,00	2.268,00	4.252,50	5.670,00	01/12/2011
JR DA MANHA AM/FM	07:30-09:30	23456S	7.160,00	0,00	5.728,00	10.740,00	14.320,00	01/12/2011
DETERMINADO	09:30-17:30	_23456_	3.307,50	0,00	2.646,00	4.961,25	6.615,00	01/12/2011
ROTATIVO - 01	09:30-17:30	_23456_	2.205,00	0,00	1.764,00	3.307,50	4.410,00	01/12/2011
ROTATIVO - 02	20:00-05:00	_23456_	545,00	0,00	436,00	817,50	1.090,00	01/12/2011
DETERMINADO - 1	20:00-05:00	23456	817,50	0,00	654,00	1.226,25	1.635,00	01/12/2011

Esta tabela da Rádio Jovem Pan AM possui uma classificação especial de comerciais determinados, diurnos e noturnos. Aqui estão somente os nomes dos programas de maior audiência com seus custos especiais. Os demais entram nos custos estabelecidos nas faixas horárias.

Condições comerciais padrão

- O valor-base é o do comercial de 30 segundos.
- O comercial de 15 segundos não custa a metade do valor de 30 segundos, mas *corresponde a* 75% do preço-base de 30 segundos.
- O valor do comercial de 45 segundos é 150% maior em relação ao preço-base de 30 segundos.
- O valor do comercial de 60 segundos é 200% em relação ao preço-base de 30 segundos.
- A propaganda testemunhal, ao vivo, tem acréscimo de 100% do custo do espaço veiculado.
- Comunicados sem fundo comercial, como avisos, assembleias, greves ou outros, têm acréscimo de 200%.
- Todo comercial que faça alusão a mais de um produto, marca ou serviço é considerado múltiplo. Por causa disso há um acréscimo de 20% no custo.
- A reserva de espaço só pode ser feita mediante a entrega de autorização ou mapa-reserva assinado com timbre da agência de propaganda.
- O cancelamento de programação só pode ser feito por escrito e com trinta dias de antecedência. Caso o cancelamento ocorra num período inferior a trinta dias, será faturado o valor da autorização.
- Condições de pagamento: 15 dias após o término da veiculação.

Colocando o anúncio no ar

Os vendedores e os profissionais da área operacional de uma rádio têm as planilhas de horários para inserções comerciais e sabem as restrições da emissora em relação ao que pode ser anunciado em cada hora do dia.

Há os casos determinados por lei, como o horário para anúncios de bebidas alcoólicas. Mas há também as situações que variam em cada emissora.

Algumas rádios vendem parte da programação e, ao assinar os contratos, os clientes podem negociar a proibição do anúncio de alguns produtos. É comum a venda de espaço para programas religiosos que não aceitam, por exemplo, a veiculação de campanhas públicas pelo uso de preservativos.

Então, o representante comercial dessa rádio não vai poder negociar com o Governo a divulgação da campanha, e a área operacional ainda terá o cuidado de não incluir nenhuma propaganda do gênero naquela faixa horária.

Cabe à área operacional também verificar se há algum problema legal no conteúdo dos anúncios. Observa-se, por exemplo, se o *jingle* ou *spot* contém ofensa ou manifestação de preconceito. A atenção é redobrada no período de eleições, quando são proibidas menções a candidatos em propaganda fora dos horários previstos pela Justiça Eleitoral.

Quando o material tem algum problema, é devolvido à agência que intermediou o contato entre a emissora e o anunciante. Se o produto a ser divulgado estiver em ordem, será distribuído para a veiculação, juntamente com uma tabela dos horários em que deverá ser transmitido.

A montagem dessa tabela leva em conta normas para não gerar choque entre anunciantes. Você já conferiu algumas nos itens "A ética no espaço comercial e na publicidade" e "Formatos de veiculação comercial no rádio", principalmente em relação às cotas de patrocínio e aos testemunhais. Mas há outras exigências a serem observadas, geralmente seguidas à risca pelas grandes emissoras, mas negligenciadas por algumas rádios menores.

Anúncios de um mesmo tipo de produto não devem ir ao ar no mesmo intervalo comercial. Se naquele bloco entrou um *spot* sobre a concessionária apresentando as melhores condições para a compra do seu automóvel, não faz sentido colocar na sequência o anúncio de outra concessionária também com as melhores oportunidades para você trocar o seu carro.

Para evitar esse choque, um setor operacional bem montado divide os tipos de anúncio por códigos. Por exemplo: concessionárias (A), supermercados (B), produto de limpeza (C), campanhas do Governo (D), e assim por diante. Então, quem montar a tabela vai saber que não poderá repetir letras no mesmo intervalo.

Em época de muitas vendas, como no Natal, ou de grade já comprometida com inserções obrigatórias, no caso das eleições, a área operacional precisa fazer uma ginástica muito maior para conseguir encaixar todos os comerciais. Isso resulta, em alguns momentos, num espaço menor para os outros produtos da emissora, o que gera muita discussão entre os departamentos de produção, cultura, jornalismo e a área comercial.

É preciso, no entanto, bom senso. É o comercial que sustenta as emissoras e paga os salários dos profissionais na rádio. Os departamentos envolvidos na programação têm de ter consciência disso, até porque a lei já determina o tempo máximo de anúncios que podem ser veiculados, e o comercial não poderá vender mais do que é permitido.

Fase do *checking* e falhas de comerciais

O anunciante precisa da agência de propaganda e do rádio na mesma proporção para que a campanha tenha sucesso. Esses dois setores não podem falhar.

A gerência comercial da emissora precisa ser transparente, ter credibilidade e ficar atenta a erros. Deve ter roteiros de conferência das veiculações e faturas para cobrança dos anunciantes. Cabe às agências conferir se tudo foi transmitido de acordo com as suas autorizações.

O comprovante de transmissão, antes identificado como tábua de irradiação, tem de apresentar o período total da programação, mostrando detalhadamente, em documento timbrado, os dias e horários das veiculações. E, se possível, tudo com a assinatura do funcionário responsável pela informação.

Antes de cobrar do anunciante, a agência precisa conferir a veiculação, contratando empresas especializadas, para fazer um levantamento completo dos comerciais que foram ao ar, seus horários, datas e tempo de duração.

A documentação do *checking* tem de ser encaminhada para o anunciante até o dia 5 do mês seguinte à veiculação, para que no dia 15 desse mesmo mês seja feito o pagamento para o veículo.

Essa transparência de documentação e conferência é o que dá ao anunciante a certeza de que a campanha foi ao ar, uma vez que é impossível ouvir todas as vezes que um comercial é veiculado, ainda mais num país enorme como o nosso e com programação de rádio diferente em várias regiões.

Se a emissora não rodar o comercial, terá de informar a falha ao anunciante para reprogramar a inserção. Se a mudança já não interessar à campanha, o anúncio e o pagamento serão cancelados.

Este é um dos assuntos mais delicados entre anunciantes, rádios e agências. Afinal, se para dar resultado foi planejado um número de transmissões que representam a frequência ideal da mensagem, a falta de uma delas pode prejudicar toda a campanha.

Comerciais que, por falha da emissora, vão ao ar em período distante do que havia sido programado não atingem a comunicação desejada. E, mesmo que o veículo seja apenas uma das partes da campanha, o resultado final poderá ser afetado negativamente.

Evidentemente existem problemas técnicos, como falha nos equipamentos ou falta temporária de energia, que interferem nas transmissões, mas essa situação costuma ser contornada com uma ação rápida.

Pós-venda de programações

Existe uma avaliação final que é importantíssima para o anunciante. É quando a agência de propaganda demonstra se todos os seus objetivos foram alcançados, diante do quadro final de contatos com o consumidor.

O trabalho é feito depois dos pagamentos. Não é um hábito de todas as agências, porém uma boa parte demonstra, por meio das pesquisas de audiência dos dias e horários em que as mensagens foram transmitidas, qual foi o resultado verdadeiro de audiência de cada inserção, o impacto e o custo CPM dos consumidores.

A atividade de pós-venda para o anunciante dá credibilidade na comunicação e, se tudo saiu como planejado, traz a satisfação de saber que o investimento concretizou o objetivo de entrar em contato com os potenciais consumidores.

A arte de escrever para o rádio

Como já abordamos em capítulos anteriores, o rádio tem características próprias e chega às mais variadas camadas da população, com diferentes condições sociais, culturais e econômicas. Logo, escrever bem para essa mídia implica muita atenção ao diferencial do veículo.

Primeiro é importante lembrar que o rádio só conta com o som para transmitir a mensagem, não dispõe de recursos auxiliares para fixar a informação, como a imagem na TV. Além disso, se o ouvinte não entender direito o que foi dito, não tem como checar a informação novamente.

O rádio é ágil, e o texto para esse veículo também precisa ser dinâmico. Tem de ser simples e jamais piegas.

Às vezes, pode até parecer mais fácil escrever para rádio do que para jornal ou revista. Mas não é bem assim. Para redigir com a informalidade exigida pelo rádio, mas com correção gramatical e tendo que explicar tudo perfeitamente num pequeno espaço de tempo de 30 segundos, ou mesmo 15 segundos, é preciso técnica e atenção redobrada.

Como escrever no radiojornalismo

O texto jornalístico para o rádio precisa ser objetivo, direto e claro. Por esse motivo, devem ser evitadas frases longas, orações intercaladas e construções indiretas. A regra é simples, comece sempre com o *lead* e use a voz direta: sujeito + verbo + predicado.

Se você pode falar algo com uma palavra, não há por que usar duas ou mais. Se a palavra é muito grande, podendo dificultar inclusive a pronúncia, opte por uma menor. Se for um termo gramatical pouco usual, continue com aquele que é de fato conhecido pela população. Por exemplo: é melhor repetir a palavra caixão a dizer féretro.

O plural só deve ser aplicado se realmente for necessário. Então, se ao usar a expressão no singular o significado da mensagem continuar o mesmo, escolha esta forma de falar. Além de você correr menos risco de errar na gramática, na concordância, evitará o som que parece um assovio, independentemente do seu sotaque.

No entanto, mesmo seguindo à risca todas essas orientações, você apenas transmitirá a notícia, sem necessariamente garantir que o ouvinte vai confiar ou captar a emoção do que está acontecendo.

Afinal, acreditar em algo que está acontecendo enquanto estamos vendo esse fato na TV é mais fácil, pois o veículo apoia-se na máxima "ver para crer". Mas no rádio não há o recurso da imagem. Então, como fazer com que o ouvinte visualize e sinta a cena?

A descrição, na sua narração, é que vai fazer a diferença e poderá dar a quem escuta uma notícia a dimensão real do que está acontecendo. Não cabe ao jornalista tentar descrever o fato com adjetivos que exprimam apenas a sensação que ele mesmo tem naquele momento. É preciso "mostrar" os detalhes para que o ouvinte veja através dos olhos do repórter.

Perceba neste exemplo como é possível "ver" a notícia, mesmo sem nenhuma imagem.

Locutor: Com reforço do policiamento na área da Cracolândia, no Centro de São Paulo, traficantes e usuários passam a usar hotéis da região para venda e consumo da droga./ Reportagem da CBN acompanhou movimentação em um dos estabelecimentos e registrou até mesmo roupas sendo trocadas por pedras de crack.//

Repórter: Centro de São Paulo, sexta-feira, dia 27, cinco e meia da tarde./ Um hotel no número 240 da Rua do Triunfo, esquina com a Rua Gusmão, é usado livremente por traficantes para a venda de crack./ Na entrada, uma placa avisa que a vaga num quarto custa seis reais./ O movimento intenso de usuários foi acompanhado por nossa reportagem por cerca de 45 minutos.// Em vinte minutos, aproximadamente trinta pessoas entraram no sobrado./ Elas eram abordadas na rua por duas mulheres loiras, que indicavam o local./ Umas saíam pouco tempo depois, com as mãos nos bolsos e olhando ao redor, enquanto outras demoravam mais e deixavam o imóvel aparentemente alteradas.// Uma das mulheres chegou a subir para pegar crack e, ao sair, cercada por mais de dez pessoas, fez a venda ali mesmo, na calçada.// A ação, rápida, foi repetida algumas vezes.// Um homem pagou pelas pedras com peças de roupa novas tiradas de uma sacola preta.// Entre os frequentadores do sobrado estavam homens e mulheres; muitos bem-vestidos.// Traficantes e usuários não se inibiram nem mesmo com a presença da polícia.// Além de uma viatura parada a cerca de trezentos metros do local, um carro do Choque e motos da PM chegaram a passar diante do hotel.// (Trecho de reportagem especial de Liriane Rodrigues – Rádio CBN, 2012)

A forma como você usa sua voz também faz diferença. O repórter de rádio é intérprete, tal qual um ator. Precisa dar à notícia o tom adequado. Não poderá ler uma informação sobre a chegada de um novo circo à cidade com o mesmo ritmo e entonação com que lê uma tragédia.

Faça o teste lendo da mesma forma os dois textos abaixo e avalie se você foi, de fato, convincente em ambos.

1) *A Unidos da Tijuca foi eleita a campeã do carnaval carioca./ Esta é a terceira vez que a escola da Zona Norte do Rio de Janeiro vence a disputa./ A agremiação dedicou o desfile ao centenário de nascimento do compositor Luiz Gonzaga, conhecido como "Rei do Baião".//*

2) *Subiu para cinco o número de mortos após a chuva forte que caiu em Teresópolis, na Região Serrana do Rio./ A informação foi divulgada pelo comandante-geral do Corpo de Bombeiros do Estado, coronel Sérgio Simões./ Segundo o coronel, o número de desabrigados pode chegar a oitocentos.//*

DICAS BÁSICAS PARA UM BOM TEXTO NO RADIOJORNALISMO

Se você mesmo escreveu o texto, é evidente que terá mais facilidade para ler do que se tivesse sido escrito por outro profissional. Mesmo assim, use alguns padrões para não ser derrubado no ar:

- use barras para separar as frases;
- destaque nomes estrangeiros e escreva-os como são pronunciados;
- escreva, por extenso, números terminados em zero, para 10 (dez) não virar 100 (cem), por exemplo;
- se o número tiver concordância feminina escreva por extenso (ex.: "duzentas pessoas participaram da manifestação");

- não use muitos números, pois isso confunde o ouvinte. Foque na referência principal. Ressalte, por exemplo, o aumento percentual, o volume total (ex.: "O Tribunal Superior Eleitoral divulgou o perfil dos eleitores brasileiros.// 138 milhões e meio vão participar das próximas eleições.// Seis por cento a mais do que nas eleições municipais de 2008.// As mulheres continuam a ser a maioria e São Paulo é o maior colégio eleitoral do país, seguido por Minas Gerais e pelo Rio de Janeiro);
- numa frase interrogativa ou exclamativa, não é obrigatório, mas recomenda-se usar o sinal antes e depois da frase, semelhante ao que se faz no idioma espanhol, para que não haja risco de ler com a entonação errada, e uma pergunta ganhar tom afirmativo.

No rádio é comum escrever para âncoras ou locutores. Então, a melhor regra para o redator é: se souber quem vai ler, pergunte à pessoa como prefere que o texto seja escrito. Pode acontecer de um apresentador gostar de ler absolutamente tudo por extenso, incluindo as vírgulas e percentuais, e outro preferir uma redação mesclada.

No primeiro formato, os textos ficariam assim:

1. A taxa básica de juros teve aumento de meio ponto percentual.// A Selic ficou em nove vírgula setenta e cinco por cento.//
2. Mil e trinta e dois policiais militares fazem a segurança do desfile.//

No segundo, ficariam desta forma:

1. A taxa básica de juros teve aumento de meio ponto percentual.// A Selic ficou em 9,75% ao ano.//
2. Mil e 32 policiais militares fazem a segurança do desfile.//

Mas, independentemente da preferência do locutor, se você escrever R$ 15,6 bilhões, a leitura mais provável será: quinze vírgula seis bilhões, porque nem sempre o locutor consegue traduzir, de imediato, o número depois da vírgula, e pode ocorrer de ele se confundir e falar "quinze bilhões e seiscentos mil", ou "quinze bilhões e seis milhões", por exemplo. Enfim, na tensão e na agilidade da informação, o número poderá ser informado errado. Então o ideal é que escreva logo 15 bilhões e seiscentos milhões de reais.

Algumas redações têm manual, cuja padronização varia de acordo com a empresa. Siga-os!

Os programas de redação de textos para rádio já indicam, automaticamente, o tempo que a notícia terá. Mas observe que se trata de uma média, podendo haver pequenas variações dependendo de quem leia, de acordo com o tipo de narração e o ritmo da fala.

Se o programa que você usa ainda não indica o tempo, vá pela medida padrão: cada linha de 65 toques leva de 4 a 5 segundos para ser lida. Um texto com 12 linhas terá, em média, um minuto.

Como escrever propaganda para o rádio

Quando uma agência de propaganda pede ao redator a criação de um *spot* ou *jingle*, o objetivo de *marketing* do anunciante é descrito claramente no *briefing*. Esse resumo do que a empresa espera com o comercial será apresentado a todas as demais áreas envolvidas na campanha, da criação à veiculação da mensagem.

O *briefing* vai deixar claro o que o anunciante quer. Pode haver o desejo de aumentar as vendas ou de ampliar o conhecimento da marca, o *share of mind*. A campanha pode ser também para combater um produto concorrente ou um esforço pontual de olho nas datas promocionais – Natal, Dia das Mães, das Crianças.

A criação de um texto publicitário para o rádio tem várias facetas. Uma regra básica é que o comercial não pode ser entediante, senão o ouvinte desliga ou muda de estação, deixando de ouvir a mensagem.

Criar para o rádio é viver o instante do contato com o público e ter em mente que o ouvinte vai compreender de acordo com seu amadurecimento intelectual, material e espiritual.

Existe um raciocínio simplificado de produção que acompanha o processo criativo. O comercial deverá ser:

- agradável;
- impactante;
- ter credibilidade;
- ser lembrado;
- gerar preferência.

O modelo da propaganda tradicionalmente citado é conhecido por AIDA – atenção, interesse, desejo e ação.

Quem produz um comercial precisa garantir a familiaridade do texto com o público-alvo, e a voz escolhida para ler a mensagem fará toda diferença.

Uma voz feminina com pronúncia familiar, por exemplo, poderá ser interessante para apresentar produtos dietéticos, remédios ou analgésicos. Uma voz jovem é mais indicada para falar de moda, shows ou eventos. O tom masculino firme, adulto, demonstra autoridade na informação.

O texto ou as escolhas sonoras também variam de acordo com o padrão da emissora. A propaganda em rádio popular normalmente utiliza como BG (*background*, "som de fundo") músicas como pagode. A locução é mais acelerada, mais alta e com expressões populares. Já em emissoras cujo ouvinte tem padrão econômico-cultural mais elevado, além do texto mais sério, é recomendável o uso de sons mais clássicos ao fundo, como MPB, jazz, música instrumental ou mesmo clássica.

Exemplos de comerciais premiados pelo GPR – Grupo de Profissionais de Rádio de São Paulo:

Emissora popular
Título: Samba de Breque
Produto: Biscoito Club Social

Jingle voz masculina:
Um belo dia tive que fazer um salvamento na praia
A história foi mais ou menos assim
(Fundo musical samba)
Tava na praia
Abraçado na donzela
Com sol vindo de cima aquecendo meu mulão
A limonada apoiada na areia
A gatinha, uma sereia
tudo certo, meu irmão
Eu tô legal... tá tudo bom
Na mão direita meu petisco garantido
Meu biscoito inconfundível, o Meu Club Social
Água na boca enquanto o queixo rebolava
A orelha captava um pedido sem igual
Tum... Socorro
Tum... Socorro
Oh, estrupício, isso é hora de se afogar
Tô mastigando.... francamente
Alevanta, vai salvar o coitado
Chulape, chulape – duas braçadas
Nadei até lá
Dei um tapa no malandro, ele acordou
Eu disse
Me deixa mastigar o Club Social em paz
Agora sim estou tranquilo, tudo bom, tudo normal
Com meu biscoito inconfundível, o meu Club Social

Emissora com padrão econômico-cultural mais elevado
Título: Psicanalista
Produto: Honda Fit

Paciente: Doutor, acho que estou ficando louco.
Doutor: Louco por quê, rapaz?
Paciente: Eu acho que sou um Honda Fit.
Fico me imaginando correndo numa estrada.
Doutor: Hum.... Hum....
Doutor: É comum as pessoas assumirem características de quem admiram.
Vá para casa e descanse. Só isso.
Agora me dá licença que eu tenho que ir.

O Doutor imita o barulho de carro acelerando para sair – Vrum, Vrum, Vrum.

Paciente: Doutor o seu pisca-alerta está ligado.
Locutor: Honda Fit. Eleito novamente a melhor compra do Brasil pela revista *Quatro Rodas*. Venha fazer um *test drive*. É campeão.

Alguns criadores consideram o humor fundamental para atrair a atenção do consumidor, mas esse não é um tipo de texto fácil de elaborar, pois precisa de *timing*, ou seja, precisa ter o tempo certo, o ritmo adequado e os termos precisos. É como uma piada, que pode ser muito boa ou chata. Além disso, para o ouvinte constante, a repetição incomoda.

Se a opção for por esse gênero de campanha, é preciso veicular vários comerciais com diferentes abordagens humorísticas para as audiências que são cativas em emissoras e horários.

Comerciais em capítulos também podem ser feitos em campanhas mais amplas, sem necessariamente precisar do humor.

O GPR realiza uma premiação anual para indicar quais foram os comerciais mais criativos veiculados em emissoras de rádio. Dentre os *spots* e *jingles* já premiados, uma das campanhas memoráveis foi da Eletropaulo, que criou um personagem, o "Pombo Paulista". Numa sequência de comerciais, o personagem chama a atenção das pessoas para os cuidados que devemos ter com a cidade. Com linguagem simples e divertida, o pombo observa quem passa e critica alguns hábitos da população.

Depois a campanha foi também veiculada na televisão, mas, por causa do rádio, a imagem do pombo já estava consagrada na mente dos ouvintes.

Campanha "Pombo Paulista" – Agência de Propaganda Calia & Assumpção e a Produtora MCR de São Paulo:

Texto "A"
LOC:
Eu sou o Pombo Paulista.
E... tem cada coisa errada que a gente que é pombo vê.
Aqui no bairro tem uma senhora que
pega dois ônibus para chegar ao trabalho.
Vida difícil, a gente que é pombo sabe.
Como não tem novidade para espiar no
caminho, ela vai chupando mexerica.
Para distrair.
Mas... ela atira a casca pela janelinha.
É mexerica para todo canto.
Casca grossa, junta com bituca de cigarro, papel de picolé,
saquinho de pipoca.
Suja tudo e quando chove entope os bueiros.
É pessoa boa, oferece mexerica para o cobrador.
Nem fica bem falar dela.
Mas... se a gente que é pombo não fala...
Ninguém fala.

Assinatura final do comercial: Eletropaulo. Uma nova energia, uma nova atitude.

Texto "B"
Eu sou o Pombo Paulista.
E... tem cada coisa errada.
Aqui na vila tem um garoto que de noite vai com a turminha pichar os prédios, borra tudo, enfeia a cidade.
Mas é um menino que fica à toa por aí, sem escola.
A gente que é pombo sabe.
A mãe não tem tempo para fazer um agrado, um bolinho de chuva.
O pai é queixo-duro, não chama para conversar
E a gente que é pombo não é boa bisca.
Uma noite ele foi pichar o prédio, a gente que é pombo assustou.
Tem o intestino solto, deu uma sujadinha em cima dele.
Nem fica bem falar.
Mas se a gente que é pombo não fala...
Ninguém fala.

Assinatura final do comercial: Eletropaulo. Uma nova energia, uma nova atitude.

AS QUATRO FERRAMENTAS BÁSICAS NUM ANÚNCIO DE RÁDIO

As quatro ferramentas básicas de criação à disposição do redator de rádio são a palavra, o som, a música e a voz. As palavras vão adquirir ritmo, entonação, efeitos sonoros, dramaticidade e música. Tudo isso para produzir o *gimmick*, recurso para atrair o público, por meio da originalidade em relação aos demais anúncios do intervalo comercial.

As palavras permitem a criação de cenários e de imagens. São fortes argumentos de aceitação. Dizem alguns técnicos, porém, que as palavras também podem ser a destruição de um comercial, principalmente se forem cansativas, difíceis de entender e usadas em excesso. Diante de falatórios, o ouvinte deixa de prestar atenção.

Os sons possibilitam ao rádio fazer com que as pessoas cheguem à plenitude da imaginação. Os efeitos sonoros podem criar ambientes, gerar reações imediatas como surpresa ou medo. O barulho de um champanhe estourando, por exemplo, significa comemoração. Os sons representam metáforas sutis que adicionam cores e sentimentos aos anúncios veiculados no rádio.

A música, mesmo não sendo uma necessidade absoluta, deve ser considerada, porque, se ela não estiver presente no comercial, vai destoar da maioria das emissoras, tipicamente musicais. A música é uma das razões pelas quais grande parte dos ouvintes liga o rádio e, usada no comercial, pode ajudar a construir ou posicionar a marca, pode tornar-se, inclusive, propriedade exclusiva daquele produto.

A música pode animar um anúncio ou destacar sua dramaticidade. O ideal é que se produza a trilha para o comercial. Para compor, o músico precisa saber qual é o objetivo da campanha e qual é o público-alvo. Usar músicas que não foram feitas para a campanha pode comprometer a mensagem, fazendo com que o comercial nem seja notado pelo ouvinte.

A voz é a marca, é o próprio produto que se quer vender. Ela deve ter a entonação, o ritmo e o sotaque certos para se aproximar do consumidor. A escolha da voz errada para um anúncio pode destruir não só o comercial, mas toda a campanha.

Em 1992, locutores profissionais que trabalhavam com publicidade se uniram para criar uma associação privada que representasse e defendesse seus interesses. Surgiu, então, a Associação dos Profissionais de Voz em Publicidade de São Paulo – com o nome fantasia de Clube da Voz. O grupo começou a lançar repertórios, distribuídos gratuitamente para produtoras de som e imagem e para agências de publicidade de todo o Brasil, com o objetivo de facilitar a escolha da voz para o comercial ainda na fase de criação.

Em 1999, Virgínia de Moraes, uma das grandes vozes do rádio brasileiro, gravou este texto para ilustrar o repertório do clube:

A voz é mais que simplesmente um som.

Não basta soar alto e em bom tom.

Deve sempre estar a serviço da verdade.

Uma voz vem sempre vestida de história. Ela conhece a alma do tempo, transcende as horas e os verbos, viaja por frases que nem sempre são suas, mas encontra nas entrelinhas o seu espaço.

Uma voz digna navega os sonhos, afaga carências, orienta ideais.

Uma voz digna promove a melhor ação humana. Doa-se, emociona-se, é simples, é sofisticada. Ela pode ser masculina posto que já seja feminina.

Uma voz digna deverá ser sempre única e exclusivamente a sua voz.

Campanha política no rádio: como jornalistas e publicitários atuam

Durante uma campanha política, o que a equipe de propaganda e *marketing* do candidato quer mostrar é o valor da adesão, de sua aceitação, e não necessariamente o que o jornalista gostaria de ter como informação. Os marqueteiros querem apresentar o lado positivo do candidato e da campanha. Os jornalistas querem saber dos problemas.

O candidato pode não gostar, mas o jornalista vai fazer perguntas delicadas, vai abordá-lo sobre crises. É essa a função dele. Caberá ao pessoal do *marketing* preparar o político para enfrentar essas situações.

Durante uma entrevista, por exemplo, alguns candidatos insistem em fazer palanque e pensam que o jornalista tem de ser a extensão de sua equipe de propaganda. O repórter, por sua vez, não pode se perder em meio àquele discurso vago. Deve ir direto ao ponto. Se for necessário interromper, deve fazê-lo.

É ilusão ou falta de conhecimento que faz com que os candidatos acreditem que terão grandes espaços para suas respostas. Em rádio, as entradas comuns reservam de 20 a 30 segundos para uma sonora, e essa deverá ser a que melhor ilustre a reportagem. O texto será objetivo, sem tom de campanha.

O repórter terá de observar se o candidato comete alguma gafe; se passa números errados sobre programas sociais; se faz promessas impossíveis; se subiu no palanque com antigos desafetos políticos; se há coerência de seus discursos com sua trajetória política. Esses são apenas alguns exemplos.

Já o publicitário, ao preparar a campanha, vai usar mensagens subliminares para atingir o eleitor e convencê-lo de que aquele candidato será a aposta política certa. Ao repórter caberá identificar o que está por trás de cada mensagem transmitida.

Logo, dá para perceber que as duas funções não andam juntas. Como se diz no jargão jornalístico, "em campanha, cada um está de um lado do balcão".

Quando o jornalista passa para o outro lado, ou seja, passa a trabalhar na campanha política, ele vai, na prática, agir como um publicitário e se integrar à estratégia de comunicação do candidato. Embora trabalhe com textos diferentes, sua missão também será a de vender a boa imagem daquele político. O material que produzirá – áudio, foto, vídeo e texto – será a mesma referência usada na própria campanha. Isso porque irá trabalhar a imagem de um homem público dentro das mesmas visões da área de propaganda, de relações públicas e da assessoria de imprensa.

Na equipe do candidato, todas as áreas trabalham na chamada sinergia de informações, que não podem ter argumentos contraditórios. É o mesmo princípio de uma marca que é difundida para o consumidor.

Geralmente essa imagem pública é semelhante para a maioria dos políticos, porque cada sociedade tem seus símbolos, os arquétipos de um bom homem, uma boa família, uma boa pessoa. Símbolos que se consolidam pelas bases culturais de cada povo.

O jornalista não produzirá *jingles*, *spots* e *slogans*, textos de formato realmente publicitários, mas, se trabalha para o candidato, dará destaque ao que interessa para a campanha ao escrever a matéria. Editará as sonoras mais positivas, que emocionem e conquistem o eleitor.

Essas matérias são usadas em programas e espaços dos partidos no horário eleitoral, apresentando trechos que simulam reportagens de fato feitas pelos profissionais da imprensa, e nas rádios-web dos partidos, além de serem distribuídas para rádios em todo o país por meio eletrônico.

Muitas emissoras pequenas, pelo Brasil inteiro, que não têm equipes de jornalismo, colocam esse produto no ar, nos destaques da reportagem sobre a cobertura política.

Mas será que o ouvinte não percebe que aquilo foi feito pela campanha?

Na verdade, é difícil identificar. A matéria é fiel ao formato jornalístico: tem *lead*, texto curto, sonoras, e em alguns casos até encerramento com assinatura do repórter: "De Brasília, fulano de tal". O problema é que a informação traz apenas a visão de interesse do candidato.

Portanto, o trabalho aparentemente jornalístico é mais uma das ferramentas da campanha, traçadas na estratégia geral de comunicação.

As campanhas estão sendo feitas pelas agências de rádio, que por sua vez contratam jornalistas para acompanhar o candidato e produzir reportagens diariamente. A produção é feita em larga escala, mudando o conteúdo a todo instante, devido aos muitos compromissos que são assumidos durante a candidatura.

Porém, mesmo usando todos esses artifícios, a equipe de comunicação do candidato não pode descuidar de um detalhe: uma notícia num programa jornalístico tem mais peso que a propaganda.

Embora a televisão dê mais visibilidade ao candidato, o poder do rádio não pode ser subestimado, por todos os fatores e características já abordados neste livro. Mas não adianta o candidato esperar só o momento do horário eleitoral para lembrar que o rádio existe.

Muitas vezes o veículo é desprezado ao longo dos anos pelos políticos, que gostam mesmo é de ver o próprio rosto na telinha da TV. Então, alguns ignoram, por exemplo, o que os governos já descobriram e passaram a explorar há décadas: o rádio é um excelente veículo de massa.

Os governos brasileiros apostaram na criação da *Hora do Brasil*, depois com nome alterado para *Voz do Brasil*, para transmitir apenas o conteúdo oficial. Outros programas também foram criados, como o *Café com o Presidente* e o *Bom Dia, Ministro*, divulgando ao longo do ano inteiro apenas o que interessa ao Governo.

Ter espaço no rádio em qualquer período antes da campanha ajudará a consolidar o nome do candidato. Já durante a campanha, não haverá tanto espaço disponível nas emissoras. A lei é rigorosa.

A liberdade das emissoras em campanhas eleitorais

A lei eleitoral é mais rigorosa para as emissoras de rádio e televisão do que para a imprensa em geral, por se tratarem de concessões do poder público. A cobertura da campanha eleitoral feita pelos jornais e revistas não sofre restrições, embora esses meios de comunicação também possam ser cassados quando ocorre o abuso de poder.

Disposições para as emissoras de rádio e televisão:

Lei n. 9.504/1997 Art. 45. A partir de 1º de julho do ano da eleição, é vedado às emissoras de rádio e televisão, em sua programação normal e noticiário:

I – transmitir, ainda que sob a forma de entrevista jornalística, imagens de realização de pesquisa ou qualquer outro tipo de consulta popular de natureza eleitoral em que seja possível identificar o entrevistado ou em que haja manipulação de dados;

II – usar trucagem, montagem ou outro recurso de áudio ou vídeo que, de qualquer forma, degradem ou ridicularizem candidato, partido ou coligação, ou produzir ou veicular programa com esse efeito;

III – veicular propaganda política ou difundir opinião favorável ou contrária a candidato, partido, coligação, a seus órgãos ou representantes;

IV – dar tratamento privilegiado a candidato, partido ou coligação;

V – veicular ou divulgar filmes, novelas, minisséries ou qualquer outro programa com alusão ou crítica a candidato ou partido político, mesmo que dissimuladamente, exceto programas jornalísticos ou debates políticos;

VI – divulgar nome de programa que se refira a candidato escolhido em convenção, ainda quando preexistente, inclusive se coincidente com o nome do candidato ou com a variação nominal por ele adotada. Sendo o nome do programa o mesmo que o do candidato, fica proibida a sua divulgação, sob pena de cancelamento do respectivo registro.

O planejamento publicitário de uma campanha política

As técnicas de comunicação têm influenciado nas disputas do poder político, sendo a propaganda associada às técnicas de *marketing* um fator decisivo para o êxito do candidato.

A campanha eleitoral deve ter um *briefing* detalhado do candidato, identificando o perfil e o formato do programa, para que no processo de veiculação das mensagens todo o estímulo possível dos meios, veículos e plataformas de comunicação seja alcançado junto ao público-alvo: o eleitor.

Nesse trabalho é importante criar textos que não gerem risco de direito de resposta. Se houver essa penalidade, dependendo do tempo que se precise conceder ao adversário, o seu candidato pode até mesmo nem conseguir aparecer no horário eleitoral, e aí não se comunicará com o eleitor. No prazo de 24 horas após a notificação da decisão da Justiça Eleitoral, todo candidato tem o direito de resposta no mesmo programa e horário da informação anteriormente transmitida.

Grandes e pequenos publicitários trabalham dentro das mesmas teorias e iniciam o trabalho com as mesmas perguntas:

- Qual é o papel do rádio na estratégia geral da campanha?
- Qual é a ideia que vai ser desenvolvida depois do primeiro texto formatado e que permanecerá na mente do ouvinte como residual de mensagem?
- A argumentação foi criada especificamente para o rádio ou é apenas um aproveitamento, por exemplo, da produção da televisão, que tem imagem e movimento?
- O texto tem muitas palavras? É fácil de ser lido pelo locutor? Tem pausas suficientes para que o ouvinte compreenda?
- A música pode realçar a ideia, dar movimento à locução, sem dispersar a atenção?
- As vozes passam credibilidade?
- A mensagem é diferenciada, tem destaque em relação às demais campanhas eleitorais?

A importância dos *jingles* numa campanha política

Os *jingles* talvez sejam a maior marca de uma campanha política. Essas músicas animam os programas eleitorais gratuitos, comícios e passeatas e, muitas vezes, ficam na memória do eleitor por muitos anos.

Para dar certo, precisam ter ritmo que agrade ao eleitor e refrão fácil de memorizar.

Essas peças publicitárias são criadas por compositores especializados a partir do *briefing* passado pela agência de publicidade sobre o candidato e sobre o eleitor que pretende atingir. É uma ótima oportunidade para ajudar a fixar o número do candidato.

Numa só campanha são criadas várias dessas músicas. As disputas majoritárias (prefeito, governador e presidente) costumam ter também um *jingle* emblemático. Normalmente junta vozes ao longo da melodia, exatamente para dar a sensação de que muitas pessoas estão se unindo àquele grupo e que está aumentando o número de eleitores que acreditam no candidato. Uma mensagem subliminar que emociona e motiva o eleitor.

De tão bem construídos, alguns *jingles* transcendem a própria campanha. Há exemplos que entraram para a história das disputas à Presidência da República e até hoje são lembrados.
• Jânio Quadros (1960) – "Varre, varre, vassourinha";
• Lula (1989) – "Lula lá";
• Brizola (1989) – "La-la-la-la-lá Brizooola";
• Fernando Henrique Cardoso (1994) – "Tá na sua mão, na minha mão, na mão da gente".

O ritmo escolhido varia de acordo com a região do candidato. Vai do forró ao funk, do hit do verão à música criada exclusivamente para a campanha.

Portanto, os *jingles* podem ser paródias, quando baseados em uma música de sucesso; de estilo, quando lembram a música de sucesso, mas com algumas alterações na estrutura e melodia; e original, quando música e letra foram criadas com exclusividade para o candidato.

O importante é que o *jingle* se fixe na cabeça do eleitor, para que ele cante como diversão, ajudando a divulgar a mensagem do candidato, onde quer que esteja.

Na campanha de 2010, por exemplo, alguns *jingles,* sem sombra de dúvida, ajudaram a divulgar candidatos e a fixar o número deles. Sugerimos que você confira o áudio em canais na internet e teste se a música não vai ficar na sua cabeça.

Um exemplo de *jingle* de sucesso e, portanto, eficiente, que terminou sendo cantado e até dançado em vários cantos do país, é este criado com a famosa "Macarena", aproveitando a sonoridade do nome da música com o do candidato a deputado federal por São Paulo, Cândido Vacarezza.

Emprego, educação, distribuição de renda
Vote para deputado federal Vacarezza
Melhora na saúde, treze doze com certeza,
ÊÊÊ, Vacarezza!
Mais desenvolvimento no trabalho que beleza
Cidadania, honestidade, chega de tristeza
1312 é meu candidato com certeza,
ÊÊÊ, Vacarezza!
Em outubro, meu amigo, não esqueça
Deputado federal é Vacarezza
1312 guarde isso na cabeça
Ê, Vacarezza!

Também deu certo a aposta do candidato à reeleição ao Governo do Piauí, que juntou bom humor e provocação ao adversário num só *jingle.* O forró bastante popular na região dizia que Wilson Martins ia ganhar fácil, ou "molim, molim".

Eu vou votar no quarenta, molim, molim
O Piauí é quarenta, molim, molim
Wilson Martins vai ganhar, molim, molim,
molim, molim, molim, molim, molim, molim, molim, molim,
molim, molim, molim, molim...
Wilson Martins!
molim, molim, molim, molim, molim, molim, molim, molim,
molim, molim, molim, molim...
Quarenta! Wilson Martins!
Com ele é mais mudança. Quarenta. Quarenta.
Renova a nossa esperança. Quarenta. Quarenta
O Piauí vota nele, molim, molim
molim, molim, molim, molim, molim, molim, molim, molim,
molim, molim, molim, molim...
Wilson Martins!
molim, molim, molim, molim, molim, molim, molim, molim,
molim, molim, molim, molim...
Quarenta! Wilson Martins!
É Wilson Martins, quarenta!

Em 2008 e em 2010, o funk "Dança do créu" foi usado por vários candidatos para fixar o número de partidos políticos, numa aposta de voto em legenda. O *jingle* repetia freneticamente o número da legenda. Candidatos do PT, por exemplo, usavam a música dizendo em ritmo cada vez mais acelerado: "É o treze, é o treze, é o treze, é o treze, é o treze....". O PMDB, por sua vez, usava o mesmo funk dizendo: "É o quinze, é o quinze, é o quinze, é o quinze....".

99

O rádio na internet

A internet não acabará com o rádio. A internet não concorre com o rádio; é a salvação deste. O avanço tecnológico não deixa outra saída para o rádio senão a internet, o que proporcionará um salto de qualidade tanto em programação como em conteúdo e, com isso, pulará a etapa do rádio digital propagado tradicionalmente por transmissor e antena.[1]

A exemplo do que ocorreu com a chegada da televisão, o avanço da comunicação pela internet foi visto por muitos como mais um aviso de que o rádio estava com os dias contados. Mas, contrariando essa ótica e ratificando a ideia de que o rádio é um veículo que se renova e se supera a cada momento, ele está aí e aproveita a nova plataforma para ampliar seu alcance e conquistar novos ouvintes.

Rádio, tecnologia e internet juntos passaram a compor um meio muito mais dinâmico e interativo. O rádio multimídia é ouvido, lido e visto. Permite ao ouvinte criar a própria programação e interagir não só com os profissionais da emissora, mas também com outros ouvintes internautas.

Em meados dos anos 1990, quando a internet chegou ao Brasil, as rádios que criaram seus sites usavam o espaço basicamente para transmitir informações estáticas, ou seja, colocavam a grade de programação, os nomes dos profissionais, os telefones, endereço, tabelas de preço dos comerciais e a lista das músicas mais tocadas.

Mas, no final da mesma década, as rádios começaram a ver que a internet era um canal de expansão de suas ondas sonoras. Descobriram que tinham na web a possibilidade de chegar muito além do alcance da frequência em AM ou FM. Agora, podiam superar fronteiras, atravessar continentes, sem limites técnicos e sem prejuízo à qualidade do som.

Pernambuco falando para o mundo.
Quando foi criada, em 1948, a Rádio Jornal do Comércio de Pernambuco parecia vislumbrar que, em algum momento, essa revolução de penetração do rádio ocorreria. O seu *slogan*: "Pernambuco falando para o mundo".
A frase virou motivo de orgulho, mas também de comentários maldosos dos que diziam que os pernambucanos tinham mania de grandeza.
No entanto, a verdade é que, hoje, a Rádio Jornal, como é conhecida, fala para o mundo inteiro graças à internet. Assim como as outras emissoras que entenderam que a rede não é inimiga, e sim aliada.

Pela internet, o ouvinte pode acompanhar a transmissão ao vivo – *on streaming* –, o que ficará cada vez mais fácil com a expansão, a velocidade e o preço mais baixo da banda larga. Também pode montar a própria grade de programação, escolhendo o que ouvir e a que horas ouvir – *on demand*. Para isso, basta clicar no conteúdo arquivado ou baixar em *podcast* os programas prediletos.

Pare para pensar e veja como o rádio sempre foi o meio de comunicação mais interativo, característica que o avanço da tecnologia reforçou. Primeiro foram as cartas; depois popularizou-se o telefone do ouvinte; nos anos 1980 veio o fax e, nos anos 1990, o e-mail. O século XXI trouxe as redes sociais, nas quais o ouvinte não interage apenas com a estação que ouve, mas também com os outros ouvintes.

O apresentador recebe as mensagens eletrônicas de imediato, permitindo que a leitura seja feita na hora e a busca por respostas, no caso de algumas demandas dos ouvintes, também. A consequência disso é a reação do público em tempo real.

No site, os ouvintes/internautas ainda trocam entre si ideias sobre o conteúdo da emissora. Eles sugerem pautas, apresentam denúncias com imagem e som transmitidos pela rede e, muitas vezes, veem aquele material publicado na página.

Até o mistério sobre "o dono/dona daquela voz" pode ser desvendado. Câmeras nos estúdios mostram quem está no ar, ao vivo. Nas redes sociais, o ouvinte acompanha um pouco mais do que pensam os integrantes daquela emissora. É possível conferir algumas informações pessoais e ver fotos.

Diante disso, o profissional de rádio precisa saber que ao postar mensagens no Twitter ou no Facebook, por exemplo, jamais vai conseguir dissociar sua imagem da emissora para a qual trabalha. O ouvinte está navegando ali porque sabe que ele é o locutor, o repórter, o comentarista da rádio. Por isso mesmo, as empresas de comunicação têm adotado manuais orientando esses jornalistas e radialistas sobre a conduta que devem ter ao se expor nas redes sociais.

Também devido a essa integração, é interessante as empresas divulgarem endereços oficiais dos seus profissionais nas redes sociais. Com a medida, evitam que perfis falsos confundam o ouvinte.

Mais trabalho para os profissionais de rádio

Ao expandir seu conteúdo para a internet, o rádio deu nova dimensão ao jornalismo. Nessa plataforma, a notícia é fixada, ganha título e até foto, diferentemente de quando é propagada apenas no *dial* e se perde na efemeridade do som. Na rede, se o ouvinte tiver dúvidas sobre a matéria, pode clicar para tocar o conteúdo novamente.

No site, o ouvinte pode acompanhar ainda a produção de reportagens especiais ou programas, além de vídeos exclusivos. Se ele está navegando ali é porque quer o conteúdo especial da rádio.

O site de uma rádio expressa o perfil editorial da emissora. Se a prioridade é notícia, os principais fatos da cobertura deverão ser destacados. Se for música, terá de apresentar os sucessos, as novidades, as tendências. Se o objetivo é prestação de serviço, então que fiquem bem visíveis as informações que vão ajudar o ouvinte.

É importante que estejam no site informações sobre a grade de programação e os profissionais que compõem a equipe da rádio, além de, claro, um canal direto de contato do ouvinte.

A plataforma multimídia para o rádio é tão ampla atualmente que algumas emissoras têm até canais no YouTube.

A conclusão a que chegamos é que, além de ter uma boa programação no ar, é importante para a rádio oferecer um bom conteúdo na web. É preciso criar produtos para esse público. Algumas emissoras já produzem programas que não vão ao ar pelas ondas do *dial*, mas são transmitidos apenas on-line.

Nesse cenário, o rádio passou a necessitar de novos profissionais e a exigir deles mais capacitação.

O jornalista do rádio, antes acostumado a resumir a matéria num *teaser*, um destaque em média com 10 segundos, precisa se acostumar a medir a manchete em toques, como se estivesse trabalhando num jornal, ou mesmo numa agência de notícias.

Além de usar o gravador, precisa aprender a manusear pequenas câmeras e a editar imagens, para enriquecer o conteúdo de sua reportagem e do site.

Surgiram também mais funções no veículo como *webmaster* e *webdesigner*. São eles que criam, colocam o site no ar, atualizam o conteúdo. Esses colegas de trabalho também ajudam os demais a utilizarem as ferramentas.

O cuidado rigoroso com o texto foi reforçado. Se antes a maior preocupação do repórter de rádio era saber como pronunciar as palavras, agora ele também não pode cometer erro na grafia. Detalhes sobre o uso de letras maiúsculas e minúsculas, a escrita correta de nomes próprios e estrangeiros, que muitas vezes são ignorados pelo jornalista que fica apenas na cobertura do rádio, passaram a ser essenciais.

É claro que o jornalista é um profissional em qualquer veículo, então tem de escrever corretamente, independentemente do meio para o qual trabalha. A visualização do trabalho dele nos sites só aumentou a necessidade para os profissionais que estavam acostumados a trabalhar apenas com som.

Universo novo para a publicidade

Com essa gama de possibilidades, o rádio pode alcançar mais consumidores e aumentar as vendas dos produtos anunciados na programação.

A combinação de AM + FM + internet é perfeita. O ouvinte agora é o "radionauta", e mesmo aqueles que acompanham rádios exclusivamente musicais buscam no site da emissora algo além de música. Esse público forma grupos cada vez mais segmentados e interage entre si. E, se esse ouvinte é multimídia, as campanhas também deverão ser. É a comunicação 360 graus, *cross media*.

Programas e entrevistas postados nos sites e blogs podem ter inserções, chamadas anexadas nas aberturas e encerramentos. As páginas também permitem a divulgação de *banners* dos anunciantes. Os departamentos comerciais podem vender "pacotes de ações" e contribuir com ações integradas para o sucesso de campanhas publicitárias.

É interessante como essa nova chance de contato pode representar também uma rica fonte de pesquisa. Tanto os programadores das emissoras quanto os anunciantes podem conhecer, em tempo real, qual é a opinião do público em relação à marca e às mensagens que estão sendo veiculadas. Outra faceta dessa oportunidade multimídia é a chance de divulgação de resultados de promoção, por exemplo.

Concorrência virtual

As *webradios* e os *podcasts* já são concorrentes das emissoras tradicionais. Estão estruturados num outro formato, com marcas conhecidas, conteúdos e profissionais qualificados para lidar com programação e ouvintes.

São canais extremamente focados em perfil de ouvintes, com conteúdo específico – esportivo, musical ou cultural. Possuem credibilidade pela proximidade com os segmentos de público e têm uma característica que torna a acessibilidade mais atraente: podem ser ouvidas on-line e off-line.

A comercialização é atemporal, o anúncio fica à disposição do consumidor para o momento em que acessar o veículo. A audiência é menor e indefinida no tempo, mas extremamente adequada para chegar ao público-alvo.

NOTA

[1] Barbeiro e Lima, 2003, p. 44.

As rádios comunitárias no Brasil

Semelhantes às *free* rádios europeias que possuem estações de cobertura restrita, a partir da década de 1970 as emissoras comunitárias começaram a ser instaladas em pequenas comunidades e proliferaram no Brasil inicialmente sem a necessidade de concessão. O Governo demorou a regulamentar o sistema e ficou difícil fazer uma varredura para separar as comunitárias das emissoras piratas.

Estimativas do setor em 2012 dão conta de que o número de emissoras comunitárias representa um universo nada desprezível de quase quatro mil estações, se aproximando do número total de emissoras tradicionais AM e FM.

Não existe, porém, consenso sobre quantas emissoras ilegais operam no Brasil. Alguns cálculos chegam a algo em torno de oito mil. Para esses casos, a Anatel – Agência Nacional de Telecomunicações – só age a partir de denúncias, deixando a vigilância a cargo dos radiodifusores.

A Lei n. 9.612/98 criou o Serviço de Radiodifusão Comunitária, que foi regulamentado pelo Decreto n. 2.615 de 1998, estabelecendo que essas rádios apenas pudessem ser exploradas por associações e fundações comunitárias, sem fins lucrativos, com sede na região de atuação.

A regulamentação estabeleceu, ainda, que as rádios comunitárias utilizassem a frequência FM com baixa potência, 25 watts, restringindo assim o sinal para um raio de um quilômetro a partir da antena retransmissora.

As emissoras comunitárias devem dar espaço para a programação do cotidiano da região, incluir informação, lazer, manifestações artísticas, culturais e folclóricas. Devem preservar, a exemplo das demais concessões, os valores éticos e sociais da pessoa e da família.

O noticiário da comunitária também tem de ser focado nas manifestações daquele bairro onde a rádio está instalada, ajudando a divulgar a cultura, os eventos e as necessidades da localidade. É comum, porém, devido à dificuldade de monitoramento do que vai ao ar, que muitas dessas rádios sejam usadas para promover políticos locais, o que, claro, infringe a lei.

As rádios comunitárias não podem ter fins lucrativos, estar ligadas a instituições religiosas ou partidos políticos. Não é permitida a retransmissão de programação ou eventos de qualquer outra emissora simultaneamente.

As concessões, segundo a Lei n. 10.597 de 2002, têm um prazo de dez anos, renováveis por igual período, desde que cumpridas as exigências legais de programação e da atividade.

Os investimentos são pequenos para a montagem da estrutura em função do barateamento com as novas tecnologias dos equipamentos de transmissão.

Representantes dessas emissoras têm feito pressão junto ao Governo Federal para aumentar a potência das comunitárias para 50 watts e permitir a inserção de publicidade comercial.

Comercialização de espaços
das emissoras comunitárias

Os espaços comerciais nas rádios comunitárias possuem restrições, uma vez que não podem transmitir ou incentivar a venda direta de produtos ou serviços.

A negociação, então, é diferente, porque essas emissoras só podem contar com patrocínio institucional ou apoio cultural, mesmo assim restrito aos anunciantes locais situados na área de cobertura do sinal, ou seja, um quilômetro.

Não existe formato rígido de comercial de 30 ou 15 segundos, podendo a mensagem ter testemunhal do locutor por tempo variável.

Os textos envolvem conteúdo institucional valorizando as empresas, seus serviços, sua direção e qualidade de atendimento, mas tudo de forma sutil para não caracterizar um esforço promocional de venda.

O patrocínio pode ter a caracterização de abertura, de encerramento e textos durante a transmissão do conteúdo. Mas não podem ser feitos anúncios de preços, promoções e ofertas. No entanto, devido à dificuldade de fiscalização do Governo, essas normas são constantemente burladas.

Rádio digital

O avanço tecnológico trouxe um novo universo para o rádio, a possibilidade do sinal digital para a transmissão. No mercado americano, o sistema já opera desde 2002. A exemplo do que já vimos acontecer na TV digital, a nova plataforma traz novidades para seu público e maior interação com o ouvinte.

O sistema, entre outras vantagens, oferece som de qualidade muito superior. A AM fica com som de FM, e a FM, com som de CD. O rádio digital também oferece informações complementares, em texto, com detalhes ou destaques da programação no *display* do aparelho. É possível, pelo visor de alguns modelos de receptores, transmitir notícias, previsão do tempo, condições das estradas.

O ouvinte também tem acesso à programação variada num mesmo canal. Chama-se essa tecnologia de multiprogramação.

Com essa possibilidade da escolha pelo ouvinte, o rádio digital oferece maior oportunidade de segmentação do espaço para o mercado publicitário. É possível ter preços diferenciados dentro de uma mesma emissora, por causa da diversidade de conteúdo.

Os primeiros testes com rádio digital no Brasil começaram em 2005. Mas sua implantação depende de publicação de Portaria sobre o padrão a ser adotado no país e da adaptação dos aparelhos.

Entraram em análise dois modelos, o americano Iboc (*in band on channel*) e o europeu DRM (*digital radio mondiale*). Os dois sistemas permitem enviar sinais analógicos e digitais simultaneamente, utilizando a mesma frequência. Com isso, mesmo se o ouvinte ainda não tiver adquirido o aparelho de tecnologia digital, pode continuar acompanhando a programação. O Iboc também ficou conhecido no Brasil como rádio HD (*high definition*).

Mesmo com a adoção do sinal digital, só terá acesso ao novo modelo quem comprar um aparelho compatível. A diferença de preço entre os equipamentos individuais, porém, é significativa e pode dificultar a aquisição. Além disso, como o Governo não estabeleceu um prazo para que seja feita a total migração dos sistemas de rádio, diferentemente do que ocorreu com a televisão que até 2016 deve estar totalmente em padrão digital, então o rádio com sistema analógico ainda deve perdurar por muitos anos.

Em março de 2010, o Ministério das Comunicações publicou Portaria criando o Sistema Brasileiro de Rádio Digital. Decidiu apenas que o padrão tecnológico a ser adotado no país tem que contemplar as transmissões em AM e FM de forma eficiente, mas não determinou o sistema. A Portaria apresenta orientações técnicas e objetivos como a promoção da inclusão social, a diversidade cultural, a transferência de tecnologia e o acesso à democratização da informação.

Para decidir o novo sistema, a Agência Nacional de Telecomunicações (Anatel) autorizou emissoras AM e FM a fazerem testes. Os dois modelos começaram a ser testados em quatro capitais: Brasília, São Paulo, Rio de Janeiro e Belo Horizonte.

A tendência é de que o sistema adotado no Brasil também seja implantado nos demais países da América do Sul.

Veja na íntegra a Portaria que cria o Sistema Brasileiro de Rádio Digital:

PORTARIA N. 290, DE 30 DE MARÇO DE 2010

Institui o Sistema Brasileiro de Rádio Digital – SBRD e dá outras providências.

O MINISTRO DE ESTADO DAS COMUNICAÇÕES, no uso das atribuições que lhe confere o art. 87, parágrafo único, inciso IV, da Constituição, e considerando o disposto no art. 27, inciso IV, alínea "b", da Lei n. 10.683, de 27 de maio de 2003, resolve:

Art. 1º Fica instituído, por esta Portaria, o Sistema Brasileiro de Rádio Digital – SBRD.

Art. 2º Para o serviço de radiodifusão sonora em Onda Média (OM) e em Frequência Modulada (FM) deve ser adotado padrão que, além de contemplar os objetivos de que trata o art. 3º, possibilite a operação eficiente em ambas as modalidades do serviço.

Art. 3º O SBRD tem por finalidade, entre outros, alcançar os seguintes objetivos:

I - promover a inclusão social, a diversidade cultural do País e a língua pátria por meio do acesso à tecnologia digital, visando à democratização da informação;

II - propiciar a expansão do setor, possibilitando o desenvolvimento de serviços decorrentes da tecnologia digital como forma de estimular a evolução das atuais exploradoras do serviço;

III - possibilitar o desenvolvimento de novos modelos de negócio adequados à realidade do País;

IV - propiciar a transferência de tecnologia para a indústria brasileira de transmissores e receptores, garantida, onde couber, a isenção de *royalties*;

V - possibilitar a participação de instituições brasileiras de ensino e pesquisa no ajuste e melhoria do sistema de acordo com a necessidade do País;

VI - incentivar a indústria regional e local na produção de instrumentos e serviços digitais;

VII - propiciar a criação de rede de educação a distância;

VIII - proporcionar a utilização eficiente do espectro de radiofrequências;

IX - possibilitar a emissão de *simulcasting*, com boa qualidade de áudio e com mínimas interferências em outras estações;

X - possibilitar a cobertura do sinal digital em áreas iguais ou maiores do que as atuais, com menor potência de transmissão;

XI - propiciar vários modos de configuração considerando as particularidades de propagação do sinal em cada região brasileira;

XII - permitir a transmissão de dados auxiliares;

XIII - viabilizar soluções para transmissões em baixa potência, com custos reduzidos; e

XIV - propiciar a arquitetura de sistema de forma a possibilitar, ao mercado brasileiro, as evoluções necessárias.

Art. 4º Esta Portaria entra em vigor na data de sua publicação.

Glossário

ABA – Associação Brasileira de Anunciantes.

Abert – Associação Brasileira de Emissoras de Rádio e Televisão.

Abertura de matéria – é o primeiro parágrafo do texto do repórter, onde deve estar o *lead*.

Acorde – passagem musical.

Agência de propaganda – empresa fornecedora de planejamento de comunicação.

Alcance – expressão usada nas emissoras para medir a cobertura de sinal e, em propaganda, para avaliar quantas pessoas estão expostas ao comercial.

AM – transmissão de sinais em Amplitude Modulada. A qualidade é inferior ao FM, mas o alcance geográfico é maior.

Amostra – subconjunto representando um universo populacional com as mesmas características.

Amplitude – onda sonora com força e extensão do som.

Analógico – método tradicional de reprodução do som similar ao original, no caso de rádio.

Âncora – apresentador principal de um programa.

APP – Associação dos Profissionais de Propaganda.

Assinatura musical – música tocada no começo e no fim de um programa para identificá-lo.

Audiência – representa o número médio de ouvintes de uma emissora de rádio.

Backgroud ou BG – som que fica em segundo plano, para ilustrar ou harmonizar a informação, dar suporte a quem fala.

Balão de ensaio – boato lançado para saber qual vai ser a reação do público e as tendências de opinião.

Barriga – informação que não é verdadeira.

Boletim – texto gravado pelo repórter, sem sonoras e com no máximo 1'30".

Bonificação de volume (BV) – Bônus em dinheiro ou crédito que os veículos de comunicação concedem às agências de propaganda em função do volume de veiculação.

Branco – tempo em que, por algum problema, ninguém fala nada durante a transmissão.

Briefing – resumo das informações.

Brilho – recurso técnico para dar destaque a um som, a uma voz.

Cabeça de matéria – texto lido pelo apresentador com um resumo da reportagem que será anunciada.

Canal – entrada e saída de uma mesa de som.

Chamada – texto que vai ao ar ao longo da programação para chamar a atenção para um programa que será veiculado.

Checking – profissional que controla o horário dos comerciais. Trabalho de controle de veiculação.

Clutter – congestionamento de comerciais. Sobrecarga de publicidade.

Colocação – refere-se à posição da mensagem no veículo ou no intervalo comercial.

Combo – geralmente chamado de "operação combo", quando a mesa é operada no ar com a locução simultânea.

Comissão de agência – arbitrada pelo Cenp (Conselho Executivo de Normas Padrão) e concedida para as agências de propaganda de acordo com a Lei n. 4.680. Normalmente tomando como teto 20%.

Comprador de mídia/compra de mídia – responsável pela negociação e pela compra de espaços nos veículos.

Contato de veículo – representante da área comercial junto às agências de propaganda e anunciantes. Vendedor de espaços.

Cross media – composto de meios que se completam numa veiculação de mídia. Assimila contatos entre meios tradicionais e digitais.

Decupagem – transcrição em texto do áudio gravado.

Deixa – palavras finais da reportagem, servem para indicar ao operador e ao apresentador que o texto acaba ali.

Delay – áudio que chega com atraso.

Departamento de mídia – área responsável pelo alcance de consumidores nos veículos de comunicação.

Depoimento – som extraído de uma gravação, normalmente exterior à emissora.

Desconto técnico – redução de custo de veiculação na rádio, que visa equacionar o custo por mil ouvintes entre emissoras de mesmo segmento.

Desmagnetizador – equipamento que limpa as gravações de fita, CD, cartucho, apenas passando essas peças em cima dele.

Determinado – anúncios ou comerciais colocados numa posição privilegiada, especificada por quem autoriza a inserção.

Direitos autorais – direito que o autor tem sobre a propriedade de sua obra, obrigando que as rádios paguem valores determinados por lei para tocarem as músicas.

Disc jockey – apresentador de programa musical personalizado.

Dolby – sistema de redução de ruído. Originalmente nome comercial.

Downlink – captação de um som via satélite.

Edição – montagem do produto que será veiculado no rádio, seja um programa, uma notícia ou um anúncio.

Encaixe – disponibilidade de tempo, brecha vaga nos intervalos comerciais.

Enxugar – eliminar partes supérfluas de um texto, para deixar a matéria menor.

Espelho – roteiro do jornal ou do programa.

Estéreo – utiliza canais que criam a ilusão sonora de profundidade do som.

Fade – diminuição do volume de som.

Fade in – quando a diminuição do volume de som é no começo do áudio.

Fade out – quando a diminuição do volume de som é no fim do áudio.

Faixa – pedaço de uma produção de áudio.

Fee – Comissão/honorários de agência de propaganda. Comissão mensal sobre atendimento *full service* de anunciantes.

Flash – informação divulgada pelo repórter ao vivo, durante a programação.

FM – amplitude de Frequência Modulada.

Freelancer – profissional autônomo.

Frequência – número de vezes de uma onda sonora por segundo.

Frequência de comerciais – número de vezes que um comercial foi efetivamente transmitido numa programação de mídia.

Frequência média de exposições – medida publicitária que avalia o número médio de vezes que um comercial foi exposto para um determinado público-alvo.

Fusão ou *crossfade* – quando um áudio começa a surgir enquanto o outro ao mesmo tempo desaparece.

Girafa – suporte de fixação do microfone.

Hertz – unidade de frequência que permitiu a transmissão radiofônica, assim chamada em homenagem ao seu descobridor Heinrich Hertz.

Horário nobre – período de maior audiência das emissoras de rádio com preços superiores dos custos de veiculação.

Ibope – Instituto Brasileiro de Opinião Pública, empresa que avalia a audiência dos meios de comunicação.

Indeterminado – comerciais veiculados em qualquer dia e faixa horária da emissora. Possuem custos de veiculação mais econômicos.

Índice de audiência – percentual de público exposto a um programa. No Brasil é tradicionalmente medido pelo Ibope.

Intervalo – espaço destinado para a transmissão de comerciais.

Jabá ou jabaculê – pagamento feito a emissoras para que toquem determinadas músicas e artistas. Também se usa o termo para descrever presentes distribuídos aos profissionais de rádio. Quem dá o presente quer ganhar espaço na programação.

Jacaré – conector que o repórter usa para transmitir matéria gravada pelo telefone. Também é o nome dado ao cabo que serve para copiar gravação de um gravador para outro.

Jingle – mensagem comercial feita em ritmo musical.

Lauda – página com as notícias que serão lidas pelo apresentador.

Lead – abertura do texto de um repórter, que traz a informação mais importante da notícia.

Log – é o registro diário para cumprimento de legislação e para registro da programação diária. Permite que a área comercial comprove irradiação de comerciais e emita tábuas de irradiações, ou comprovante de veiculação.

Marplan – instituto de pesquisa que realiza estudos regulares de mídia no Brasil, normalmente pesquisa de lembrança que estabelece hábitos tradicionais dos consumidores.

Matéria – termo usado entre os jornalistas que significa o mesmo que "reportagem".

Mídia – função de seleção de meios de contatos. Profissional gestor de contatos.

Mídia básica – meio escolhido como principal num plano de veiculação.

Mídia de apoio – meio escolhido para complementar o meio básico, ampliando e reforçando o alcance de consumidores-alvo.

Mídia mix – combinação de composto de mídia. Semelhante a *cross media*.

Nota-pé – informação complementar lida pelo apresentador após a veiculação da reportagem.

Off – o mesmo que *off the record*. Informação cuja fonte não pode ser revelada.

Onda – energia sonora.

Patrocinador – empresa anunciante que compra programas da grade da emissora para colocar mensagens dos seus produtos.

Pé – informação que encerra a reportagem.

Perfil da audiência – descrição de dados socioeconômicos por classe social, sexo e faixa etária. É expressado em percentuais de penetração.

Pico de audiência – representa o nível mais alto dos índices de audiência de uma emissora, de uma faixa horária ou de dias da semana.

Piloto – demonstração, rascunho ou roteiro de programa de rádio.

Planejamento de mídia – é o processo de definição de meios e veículos de comunicação que serão usados na campanha. É a fase que determina a melhor estratégia de contatos com público objetivado.

Podcast – transmissão via internet de programas de rádio.

Ponto bruto de audiência – significa a audiência para todos os segmentos de ouvintes detectados pela pesquisa de mídia.

Prazo de pagamento – prazo estipulado para o pagamento da veiculação. Em rádio, normalmente é de 15 dias, fora o mês da veiculação.

Prefixo – efeito sonoro da emissora com letras e algarismos de acordo com convenção internacional que identifica a rádio. Pode ser efeito sonoro que identifica abertura de programas de rádio.

Produção – processo de elaboração dos programas de rádio. Em propaganda, representa a produção efetiva do comercial totalmente finalizado para veiculação na emissora.

Programação – todo o conteúdo que é apresentado pela rádio.

Psicografia – estudo de comportamento psicológico de consumidores com seus estilos de vida.

Publicidade – ato de tornar público uma campanha, notícia ou fato. Sinônimo de propaganda comercial.

Público-alvo – público objetivado por campanhas de propaganda. Também chamado de *target group.*

Qualitativa – técnica de pesquisa com profundidade de exploração das pesquisas.

Quantitativa – técnica de pesquisa que especifica números absolutos de resultados representativos de universos segmentados.

Radiodifusão – transmissão de ondas de radiofrequência por empresas de comunicação distribuidoras de conteúdos.

Rede – integração de emissoras transmitindo através de uma emissora-fonte.

Retranca – palavra que identifica qual é o assunto da matéria.

Reverberação – ruído que aparece depois de cessado o áudio que estava sendo transmitido.

Roteiro – guia em texto do que será apresentado num programa ou para a gravação de um comercial.

Ruído – interferência no áudio que prejudica o entendimento da mensagem que está sendo transmitida.

Satélite – dispositivo em órbita, retransmissor para grandes regiões ou áreas específicas.

Script – roteiro detalhado do áudio que será editado, apresentado ou montado, tanto no jornalismo como na publicidade.

Segmentação – conjuntos específicos de pessoas com hábitos e comportamentos semelhantes.

Slogan – frase de efeito, curta, de fácil memorização.

Spot – anúncio publicitário lido, com ou sem fundo musical. Geralmente gravado.

Teaser – o mesmo que destaque ou manchete. Uma pequena chamada que resume a notícia para despertar o interesse do ouvinte em acompanhar aquela informação. Também utilizado em propaganda, com uma pequena peça que aguça a curiosidade do ouvinte sobre o produto que só será detalhado na continuidade da campanha.

Transmissão – reprodução sonora, no caso do rádio, com locução ao vivo ou pré-gravada.

Transmissor – dispositivo reprodutor das ondas e dos sinais de rádio.

Veículo – em comunicação representa a emissora de rádio ou televisão, jornais, revistas, mídias exteriores e mídia digital.

Vinheta – áudio rodado nos intervalos ou aberturas e fechamentos dos programas. Pode ser só com música e efeitos sonoros ou também com locução.

Bibliografia

ARAUJO, Ellis Regina; SOUZA, Elizete Cristina. *Obras jornalísticas*: uma síntese. Brasília: Editora Vesticom, 2003.

BARBEIRO, Heródoto; RODOLFO DE LIMA, Paulo. *Manual do radiojornalismo*: produção, ética e internet. Rio de Janeiro: Campus/Elsevier, 2003.

BUCCI, Eugenio. *A imprensa e o dever da liberdade*. São Paulo: Contexto, 2009.

CHRISTOFOLETT, Rogério. *Ética no jornalismo*. São Paulo: Contexto, 2008.

COMEGNO, Valdir. *A magia do rádio*: 50 anos de sonhos e realizações. São Paulo: Meireles Editorial, 2008.

KELLEY, Larry D.; JUGENHEIMER, Donald W. *Uma visão de mídia para gestores de marca*. São Paulo: Nobel, 2006.

KOTLER, Philip. *Marketing 3.0*. Rio de Janeiro: Campus/Elsevier, 2010.

MARKUN, Paulo. *Como perder as eleições*. São Paulo: Editora 3, 1995.

MCLEISH, Robert. *Produção de rádio*: um guia abrangente da produção radiofônica. São Paulo: Summus Editorial, 2001.

PAULA, Amadeu Nogueira de. "Mídia Planejamento". In: SANT'ANNA, Armando; ROCHA JÚNIOR, Ismael; DABUL GARCIA, Luiz Fernando. *Propaganda*: teoria, técnica e prática. São Paulo: Cengage, 2009.

PINTO, Djalma. *Marketing, política e sociedade*. São Paulo: Cia. Dos Livros, 2009.

SANT'ANNA, Armando; ROCHA JÚNIOR, Ismael; DABUL GARCIA, Luiz Fernando. *Propaganda*: teoria, técnica e prática. São Paulo: Cengage, 2009.

TAMANAHA, Paulo. *Planejamento de mídia*. São Paulo: Pearson, 2006.

TAVARES, Reynaldo C. *Histórias que o rádio não contou*. São Paulo: Negócios, 1997.

TAVARES, Mariza. *Manual de redação CBN*. São Paulo: Globo, 2011.

TESSER, Tereza Cristina. *De passagem pelos nossos estúdios*. Santos: Leopoldianum, 2009.

VERONEZZI, José Carlos. *Mídia de A a Z*. São Paulo: Flight, 2008.

RELATÓRIOS PESQUISADOS

GRUPO DE PROFISSIONAIS DE MÍDIA. Anuário de Mídia, meios de comunicação. MídiaDados, 2012.
META PESQUISAS DE OPINIÃO. Relatório de Pesquisa Quantitativa, Hábitos de Informação e Formação de Opinião da População Brasileira, 2010.

SITES

Associação Brasileira de Anunciantes: www.aba.com.br
Associação Brasileira de Emissoras de Rádio e Televisão: www.abert.com.br
GM – Grupo de Mídia: www.gm.org.br
GPR – Grupo dos Profissionais do Rádio: www.gpradio.org.br
Ibope: www.ibope.com.br
Ipsos/Marplan: www.ipsos.com.br
www.pensador.info: http://pensador.uol.com.br/
Projeto Inter-Meios: www.projetointermeios.com.br
Teleco Informação e Serviços de Telecomunicações Ltda.: www.teleco.com.br

Os autores

Roseann Kennedy

É bacharel em Jornalismo e pós-graduada em Ciência Política e Economia. Trabalha em rádio desde 1993. Começou como estagiária na Secretaria de Imprensa do governo de Pernambuco, produzindo notícias para todo o interior do estado. Na Rádio Clube de Pernambuco passou por todas as funções na Redação e teve como destaque a edição da cobertura da visita do papa João Paulo II ao Brasil. Passou por outros veículos (impresso, TV e agência de notícias). Voltou ao rádio em 2003, ao ingressar na CBN. Foi repórter, âncora do programa *CBN Brasília* e se tornou colunista política em 2008, ao estrear na emissora o quadro *Crônicas do Planalto*. Foi idealizadora do Prêmio CBN de Jornalismo Universitário, realizado pela emissora desde 2009. Paralelamente, deu aulas em universidades privadas, onde lecionou as disciplinas de Radiojornalismo e Linguagem Radiofônica para Publicidade. Recebeu o Prêmio Troféu Mulher Imprensa, na categoria Melhor Repórter de Rádio, em 2008, e foi finalista da premiação nas categorias Repórter e Colunista de Rádio, em 2011. Também foi finalista do Prêmio Engenho de Comunicação, em 2012, na categoria Melhor Coluna Política de Brasília.

Amadeu Nogueira de Paula

É bacharel em Publicidade e Jornalismo e pós-graduado em Comunicação e Marketing. É diretor de promoção da Associação dos Profissionais de Propaganda do Brasil (APP). Ocupa o cargo de diretor de mídia da Aproxima Comunicação. É professor de Mídia da Escola Superior de Propaganda e Marketing de São Paulo (ESPM). Atuou durante quinze anos na Nestlé Brasil, dirigindo os investimentos de mídia da área de Marketing. Também foi diretor de planejamento de mídia da CBB&A Propaganda (agência da J. W. Thompson), entre o anos de 1973 e 1988. Foi ainda gerente de planejamento de mídia da Leo-Burnett por cinco anos. Também por cinco anos foi relator privativo do Conselho de Ética do Conselho Executivo das Normas-Padrão (Cenp). Presidiu o Comitê de Mídia da Associação Brasileira de Anunciantes (ABA), entre os anos de 1988 e 2004. Foi vice-presidente do Instituto Verificador de Circulação (IVC), entre os anos de 1988 a 2004. Recebeu o Prêmio de Contribuição Profissional na categoria Anunciante em 2003 pela Associação dos Profissionais de Propaganda do Brasil, além de ter sido reconhecido como Personalidade da Mídia 2007, promovido pelo jornal *O Estado de S. Paulo*.

GRÁFICA PAYM
Tel. (11) 4392-3344
paym@terra.com.br